달팽이
안단테

지은이 | 엘리자베스 토바 베일리 Elisabeth Tova Bailey

『미주리 리뷰』, 『노스웨스트 리뷰』, 『시커모어 리뷰』 등을 통해 여러 편의 에세이와 단편들을 발표해왔다. 그녀의 작품은 여러 차례 미국 문학상인 푸시카트 상 후보에 올랐다. 이 책은 『베스트 아메리칸 에세이』에서 주목할 만한 에세이로 선정되었으며 2011년 존 버로스 메달 자연사 부문상, 2010년 전미 야생 관련서 자연사 부문상 등을 수상했고, 더 나은 생활을 위한 도서 영감을 주는 자서전 부문상 최종 후보작, 『북리스트』 편집자들이 뽑은 2010년 최고의 성인 과학기술 도서 Top 10에 꼽히기도 했다. 그녀는 현재 메인 주에 살고 있으며 홈페이지는 www.elisabethtovabailey.net이다.

THE SOUND OF A WILD SNAIL EATING By Elisabeth Tova Bailey
Copyright ⓒ 2010 by Elisabeth Tova Bailey

Korean Translation Copyright ⓒ Dolbegae Publishers, 2011
All rights reserved.

This Korean edition was published by Dolbegae Publishers in 2011 by arrangement with Elisabeth Tova Bailey c/o Trident Media Group, LLC through KCC(Korea Copyright Center Inc.), Seoul.

이 책은 (주)한국저작권센터(KCC)를 통한 저작권자와의 독점계약으로
도서출판 돌베개에 있습니다. 저작권법에 의해 한국 내에서 보호를 받는 저작물이므로
무단전재와 복제, 광전자 매체 수록 등을 금합니다.

달팽이 안단테

The Sound of a *Wild Snail Eating*

엘리자베스 토바 베일리 지음

김병순 옮김

돌베개

『바이오필리아』 *Biophilia*에 바친다

작은 애완동물은 종종 아주 훌륭한 길동무다.
— 플로렌스 나이팅게일, 『간호론』(1912)

자연 세계는…… 인간이 상상하는 것보다
훨씬 더…… 풍요로운 영혼의 안식처다.
— 에드워드 O. 윌슨, 『바이오필리아』(1984)

차례

프롤로그 011

에필로그 183

감사의 말 192

부록 실내 재배용 유리용기 197

옮긴이의 말 199

추천의 말 1 달팽이의 눈을 갖게 될 때까지 204

추천의 말 2 고독과 고통이 준 선물 216

주요 출처 228

저작권 236

1부 제비꽃 화분에서 일어난 뜻밖의 사건
들판의 제비꽃 017 • 발견 023 • 탐사활동 032

2부 초록 왕국
숲 바닥 041 • 작은 생태계 속의 삶 047 • 시간과 영역 053

3부 병렬
수천 개의 이빨 063 • 신축성이 뛰어난 더듬이 069
경이로운 나선형 껍데기 078 • 비법 086

4부 문화생활
은자들의 공동체 097 • 한밤중의 도약 103 • 생각하는 달팽이 114 • 깊은 잠 122

5부 사랑과 신비
비밀스러운 삶 133 • 달팽이의 사랑 138 • 절망 149 • 새 생명 153

6부 익숙한 공간
귀환 163 • 겨울 달팽이 169 • 봄비 176 • 밤별 179

The Sound of a Wild Snail Eating

프롤로그

바이러스는 그야말로
모든 생명체 안에 들어 있다.
— 루이스 P. 비야레알, 「바이러스라고 부르는 살아 있거나 죽은 화학물질」(2005)

호텔 창 너머로 두껍게 얼어붙은 호수를 지나 작은 구릉들이 알프스 산맥으로 이어지는 모습을 바라본다. 땅거미가 언덕배기들을 지나 거대한 산 속으로 내려앉자 온 세상이 모두 어둠에 잠긴다.

아침밥을 먹고 나서 자갈 깔린 마을길을 느긋하게 이리저리 거닌다. 땅 위에는 간밤에 내린 서리가 녹지 않았고 거대한 로즈메리 덤불은 향기롭게 햇살을 즐기고 있다. 한 무리의 양 떼가 지나간 가파른 야생의 언덕 위로 구불구불 이어진 오솔길을 따라 걷는다. 땅 위로 높이 솟아오른 바위 위에서 치즈 빵으로 점심을 때운다. 저녁 무렵, 호숫가를 따라 걷다가 오랜 세월 동안 물결에 모서리가 부드럽게 마모된 황갈색 옛날 토기 조각들을 발견한다. 이 작은 호수 마을에 매우 전염성이 강한 악성 독감이 돌고 있다는 말이 들린다.

며칠이 지났다. 오늘밤은 유난히 마음이 뒤숭숭하다. 호수를 오가는 나룻배들 때문에 잠을 제대로 잘 수 없다. 어둠 속에서 크게 외치는 나룻배 승객들 소리에 잠에서 화들짝 깨곤 한다. 다시 잠들려고 할 때마다 일렁이는 호숫물 소리가 나를 잡아당긴다. 몸에 뭔가 이상이 생긴 것 같다. 느낌이 너무 안 좋다.

아침이 되자 몸이 부서지는 것 같은 게 아무 생각도 나지 않는다. 근육이 저리고 아프고 몸이 움직이질 않는다. 시간이 얼마나 흘렀는지도 알 수 없다. 길을 잃었다. 거리가 사방팔방으로 뻗어 있어 어디로 가야 할지 모르겠다. 그렇게 정신없이 며칠이 흘러갔다. 집으로 돌아가기 위해 짐을 쌌는데 어찌된 일인지 가방을 들 수가 없다. 가방이 마치 마룻바닥에 붙어 있는 것 같다. 아무튼 어찌어찌 해서 공항으로 간다. 대서양을 건너는 비행기에서 내 옆에 앉은 외과의사도 몸이 안 좋은 것 같다. 그는 줄기차게 재채기를 해대며 콜록거린다. 그렇게 간절히 바랬던 오래간만의 휴가는 계획대로 풀리지 않았다. 괜찮을 거야. 지금은 그냥 집에 가고 싶다.

  보스턴에서 비행기를 갈아타고 한밤중이 되어서야 마침내 기착지인 자그마한 뉴잉글랜드 공항에 내린다. 주차장에서 눈 속에 묻힌 자동차를 파내기 위해 몸을 앞으로 숙이며 삽질을 하다 보면 어느새 삽은 몸을 곧추세우기 위한 버팀목으로 바뀐다. 집에 어떻게 왔는지 통 생각이 나지 않는다. 다음 날 아침에 일어나자마자 정신을 잃고 마룻바닥에 쓰러졌다. 열흘 동안 머리가 많이 아프고 열이 심하다. 병원 응급실로 가서 진료를 받는다. 이토록 심하게 아파본 적이 없다. 이번 것은 어렸을 적 걸렸던 폐렴과 대학시절 앓았던 단핵증(사춘기와 청년기에 걸쳐 많이 발병하는 급성 바이러스 감염증으로 발열, 인두통, 두통, 관절통, 목이 붓는 증상이 나타난다—옮긴이) 같은 것들과 전혀 비교할 수 없을 정도로 심했다.

  몇 주 후 긴 소파에서 쉬고 있는데 갑자기 머리가 팽팽 돌면서 깊은 어둠 속으로 빨려 들어간다. 더 이상 떨어질 수 없을 정도로 머나먼 나락으로 추락하는 느낌이다. 일어설 수가 없다. 몸이 움직이질 않는다. 멀리서 들리는 구급차의 사이렌 소리. 의사들이 주고받는 말이 아득하게 들린다. 눈꺼풀이 바윗돌처럼 무겁다. 힘겹게 눈꺼풀을 치켜 올려 가느다랗게 눈을 뜬다. 그것도 잠시뿐. 나도 모르게 저절로 다시 눈이 감긴다. 할 수 있는 것이라곤 그저 숨 쉬는 것밖에 없다.

　의사들이 나를 치료해줄 거야. 그들은 분명히 이 상황을 멈출 수 있어. 숨을 길게 내쉰다. 숨이 끊어진다면 어떻게 될까? 잠을 자야 해. 하지만 잠드는 것이 두렵다. 그냥 이렇게 눈을 치켜뜨고 있어야 하지 않을까. 지금 잠들면 다시는 깨어나지 못할지도 몰라. 🙼

1부

제비꽃 화분에서 일어난 뜻밖의 사건

문제들 그 자체를 사랑하려고 애써보세요.
마치 그것들이 밀폐된 방이나 낯선 말로 쓰인 책인 것처럼.
지금 당장 해답을 찾으려고 하지 마세요.
당신은 그 문제들을 가지고 살아보지 않았기 때문에
지금 그 해답을 얻을 수 없어요.
그래서 모든 것을 살아보는 것이 중요해요.
이제 그 문제들을 가지고 살아보세요.
— 라이너 마리아 릴케, 1903, 『젊은 시인에게 보내는 편지』(1927)에서

The Sound of a Wild Snail Eating

들판의 제비꽃

내 발밑에
넌 어느새 여기 왔니
달팽이야?
— 고바야시 이사(1763~1828)

이른 봄, 한 친구가 숲 속을 산책하다가 무심코 땅바닥에 있는 달팽이 한 마리를 발견했다. 그녀는 달팽이를 주워서 손바닥으로 조심스럽게 감싸서는 내가 조금씩 몸을 추스르고 있던 작은 아파트로 가지고 왔다. 그녀는 잔디밭 한쪽 구석에 제비꽃이 무리지어 피어 있는 것을 보고는 모종삽으로 한 포기를 캐서 토기 화분에 심고 달팽이를 올려놓았다. 그러고는 화분을 아파트 안으로 갖고 들어와 내 침대 맡에 두었다.

"숲에서 달팽이를 보고 주워왔어. 여기 제비꽃 밑에 있어."

"그랬어? 근데 왜 가지고 왔어?"

"몰라. 그냥 네가 그걸 좋아할 거 같아서."

"살아 있는 거니?"

그녀는 작은 도토리 크기의 갈색 고둥을 집어 들고는 꼼꼼히 살펴보았다.

"그런 거 같아."

내가 왜 그 달팽이를 좋아할 거라고 생각했을까? 도대체 그게 나랑 무슨 상관이 있지? 나는 침대에서 나와 숲 속으로 달팽이를 되돌려 보낼 수 없었다. 사실 달팽이에 대해서 별로 흥미가 없었다. 게다가 그것이 살아 있다면 내게 그다지 소용이 없는 달팽이 한 마리 때문에 져야 할 마음의 부담이 너무 컸다.

친구는 나를 한번 껴안고 작별인사를 하고는 차를 몰고 떠났다.

서른네 살에 떠난 짧은 유럽 여행에서 나는 심각한 신경장애 증상을 유발하는 미확인 바이러스성 또는 세균성 병원체에 감염되어 쓰러지고 말았다. 그전까지만 해도 나는 아주 건강하다고 생각했다. 그러나 그게 아니었다. 비록 몸에 이상이 생겨도 현대의학이 곧 고쳐줄 거라고 믿었다. 하지만 그것도 틀렸다. 큰 병원을 몇 군데 돌아다녔지만 그곳의 전문의들도 그 전염성 질병의 원인을 밝혀내지 못했다. 더군다나 여러 달 동안 병원을 들락거리면서 합병증까지 생겨 생명을 위협하고 있었다. 임상용 치료약은 상태를 안정시키는 데 도움이 되었다. 그렇지만 어느 정도 회복되어 다시 일을 할 수 있으려면 그 약 때문에 몇 년 동안 고생을 해야 했다. 담당의사들은 이제 곧 나을 거라고 했다. 나는 그 말을 믿고 싶었다. 내 삶이 다시 건강했던 때로 되돌아갈 거라고 생각하니 황홀했다.

그러나 그렇게 방심한 사이에 느닷없이 병이 도졌다. 다시 한번 몸져눕는 신세가 되었다. 게다가 전보다 더 정밀한 검사를 받다가 그만 자율신경계가 망가지고 말았다. 심장박동, 혈압, 순환계, 위장조직을 포함해서 자율적으로 움직이는 모든 신체기능들이 고장 났다. 전에는 효능을 발휘하던 약이 이제는 심각한 부작용을 일으켰다. 그 약은 이제 시장에서 곧바로 퇴출될 것이다.

몸은 움직이지 않는데 정신은 아직도 다 낡아빠진 신경세포를 따라 경찰견 블러드하운드처럼 끊임없이 반복되는 질문들을 쫓고 있다. 가족들은 내가 왜, 언제, 무엇 때문에, 그리고 도대체 어떻게 이 지경이 되었는지 당혹스러워한다. 아무리 생각해봐도 대답이 떠오르지 않는다. 때로는 머리가 텅 비고 맥이 풀렸다. 또 어떤 때는 수많은 생각과 말할 수 없는 슬픔, 견딜 수 없는 상실감이 폭풍처럼 밀려왔다.

건강은 우리 삶에 의미와 목적을 불어넣지만 질병은 놀랍게도 그러한 확실성을 순식간에 앗아가 버린다. 기껏해야 내가 할 수 있는 것은 순간순간을 참고 이겨내는 것이 다였다. 순간이 영원처럼 느껴졌다. 그래도 시간은 하루하루 조용히 미끄러지듯 흘러갔다. 알차게 보내지도 못하고 그저 견뎌낼 수밖에 없는 시간이 말없이 흘러갈 뿐. 시간은 스스로 날마다 굶주림에 지친 듯, 추억과 흔적의 부스러기 한 조각 남기지 않은 채 모든 것을 통째로 삼켜버린다.

나는 제대로 보살핌을 받기 위해 작은 아파트로 옮겼다. 거기서 약 80킬로미터쯤 떨어진 곳에 있는 우리 시골집은 임시로 폐쇄했다. 언제 집으로 다시 돌아갈지, 적어도 돌아갈 수는 있는 건지 그 무엇도 알 수 없는 노릇이었다. 이제 내가 집으로 돌아갈 수 있는 단 한 가지 방법은 눈을 감고 옛날을 회상하는 것이었다. 이른 봄, 들판을 따라 활짝 핀 보랏빛 제비꽃들—내 침대 머리맡에 있는 것과 같은—을 볼 수 있었다. 전에 집 옆 북쪽 숲 속 작은 정원에 심어둔 향기로운 작은 분홍 제비꽃들도 분명 활짝 피었으리라. 여기처럼 추운 북쪽 끝에서 견뎌내기가 쉽지 않았겠지만 그래도 어쨌든 살아남았다. 그 제비꽃들이 내뿜는 향긋한 냄새를 마음속으로 맡을 수 있었다.

병에 걸리기 전에는 종종 애완견 브랜디를 데리고 집에서부터 산 속에 숨어 있는 실개천까지 오솔길을 따라 이리저리 어슬렁거리고 다녔다. 둥근 바윗돌이 여기저기 박혀 있는 수로를 가로지르며 돌아다니다 보면 날씨나 계절에 따라 실개천의 노랫소리가 다르게 들렸다. 집으로 돌아오는 길에는 작은 삼림지의 초목과 이끼로 뒤덮인 늪지대에서 보랏빛 줄무늬가 희미하게 난 아주 자그맣고 하얀 제비꽃 무리를 보곤 했다.

침대 머리맡 화분에 있는 이 제비꽃은 다른 친구들이 사온 꽃들과는 다르게 신선하고 생명력이 충만했다. 그런 꽃들은 겨우 며칠 지나면 꽃병에 구린 냄새가 나는 탁한 물만 남기고 시들었다. 이십대 때 정원사 일을 하며 먹고살았던 적이 있어서 침대 바로 옆에 이런 작은 정원이 있다는 게 너무 좋았다. 내가 마시는 물컵으로 제비꽃에 물을 줄 수도 있었다.

하지만 이 달팽이는 뭐지? 이걸 어떻게 하지? 달팽이는 친구 손에 잡히기 전까지만 해도 자기의 크기만큼이나 아주 짧은 하루를 이리저리 돌아다니고 있었다. 나와 친구는 도대체 무슨 권리로 달팽이의 삶에 끼어들었단 말인가? 달팽이가 앞으로 어떤 삶을 살지 도무지 상상할 수 없었는데.

그렇게 수없이 숲 속을 산책했건만 나는 어째서 한 번도 달팽이를 보지 못했을까? 기억이 나지 않았다. 어쩌면 예전에 별 특징이 없는 갈색 생명체를 보았는지도 모르지만 별로 눈에 띄지 않았기 때문이라는 생각도 들었다. 그날 남은 시간 동안 내내 달팽이는 껍데기 속에서 나오지 않았다. 나는 친구의 방문으로 너무 기운이 빠진 나머지 더 이상 다른 생각을 할 수 없었다.

발견

달팽이는 잠에서 깨고
또 잠을 잔다
조금도 소란스럽지 않게
— 고바야시 이사

저녁밥을 먹을 무렵, 달팽이가 껍데기 밖으로 더듬이를 내밀며 움직이는 모습을 보고 깜짝 놀랐다. 녀석은 살아 있었다. 눈에 보이는 달팽이의 몸은 머리에서 꼬리까지 5센티미터쯤 되었다. 나머지는 몸에 붙어 있는 약간 두꺼운 갈색의 나선형 껍데기 속에 숨어 있었다. 등은 아주 우아하게 조화를 이루었다. 달팽이는 느리지만 화분의 벽면을 따라 아래로 이동하고 있는 것이 분명했다. 녀석은 미끄러지듯이 움직이면서 머리에 달린 더듬이를 이리저리 부드럽게 흔들었다.

저녁 내내 달팽이는 화분 가장자리와 화분을 받쳐둔 접시 밑을 탐색했다. 느긋하게 움직이는 여유로운 몸짓은 정말 매혹적이었다. 한밤중에도 녀석이 여기저기 돌아다닐지 궁금했다. 나는 어쩌면 그 모습을 다시는 보지 못할지도 모른다. 시간이 지나면 달팽이는 안중에도 없을 테니까.

그러나 다음 날 아침 자리에서 일어나 보니 달팽이는 화분으로 되돌아가 껍데기로 몸을 감싸고 제비꽃 잎사귀 아래서 잠을 자고 있었다. 전날 밤, 나는 편지가 들어 있는 편지봉투 하나를 전기스탠드 옆에 기대어놓았다. 그런데 이상하게도 그 봉투의 발신인 주소란 바로 아래에 네모난 구멍이 조그맣게 뚫려 있었다. 그 구멍이 왜 생겼는지 이해할 수 없었다. 어떻게 한밤중에 봉투에 그런 네모난 구멍이 생겨났을까? 그때 지난 저녁 달팽이가 움직이던 모습이 생각났다. 달팽이는 야행성 동물이었다. 이빨 같은 것이 있어서 아무 때고 그것을 쓰는 게 분명했다.

건강할 때는 언제나 친구와 가족, 직장과 관련한 일들로 늘 바쁜 일상이었다. 정원도 가꾸고 도보여행도 하고 배타기도 즐겼다. 그렇게 익숙하지만 단조로운 나날의 연속. 날마다 아침밥을 짓고 숲을 산책하고 일하러 나가고 책을 읽고 무언가를 가지려고 일어서곤 했다. 그러나 지금은 어떤 것이든 그것을 가지려고 일어서는 것, 그 행위만으로도 큰일을 해낸 것이리라. 이제는 생활의 모든 것이 내가 누워 있는 곳에서 멀리 떨어져 있었다.

여러 달이 정처 없이 흐르고 난 뒤, 건강하게 살면서 일을 잘하는 것이 중요하다고 왜 그토록 장황하게 떠들었는지 모르겠다. 지금은 내가 할 수 없는 모든 일들을 뒤도 돌아보지 않고 하면서 항상 바쁜 일상에 치이는 친구들을 볼 때마다 이상한 기분이 들었다.

한때 미래는 내게 호기심을 자아내는 많은 길들을 보여주며 유혹의 손길을 보냈다. 하지만 이제 내가 갈 수 있는 길은 그 어디에도 없다. 내 마음은 아득한 과거의 퇴적층 속으로 달려가고 있었다. 열린 창문을 통해 불어오는 한 줄기 바람은 스쿠너 선의 뱃머리에 서서 페놉스코트 만Penobscot Bay을 가로지르던 기억을 불러일으켰다. 갑자기 이를 닦고 싶다는 생각이 들자 창문 너머로 오래된 사과나무와 양귀비가 피어 있는 정원이 바라보이던 시골집 욕실이 떠올랐다. 양귀비 위로 길게 늘어진 줄에 널린 빨래를 바라보고 있노라면 기분이 좋았다. 빨랫줄에 널린 채 꽃들을 향해 팔을 아래로 축 늘어뜨린 파란색 침대 시트와 잠옷이 노랑, 주황, 빨강 꽃들과 어울려 한층 눈에 띄었다.

 달팽이와 함께 지낸 지 이틀째 되는 날, 나는 또 다른 네모 구멍을 발견했다. 이번에는 종잇조각에 길게 구멍이 이어져 있었다. 그 뒤로는 아침마다 더 많은 구멍이 생겼다. 이 네모난 모양은 계속해서 나를 당황하게 만들었다. 구멍이 뚫린 곳에 화살표 표시를 하고 거기다 "달팽이가 먹은 자리"라고 흘려 쓴 엽서를 받은 친구들은 한편으로는 놀라면서 다른 한편으로는 즐거워했다.
 어쩌면 달팽이가 정말로 먹이를 찾고 있을지도 모른다는 생각이 번뜩 들었다. 편지지와 봉투는 아마도 달팽이가 즐겨 먹는 먹이가 아니었을 것이다. 침대 옆 꽃병에는 오래전에 시든 꽃들이 여러 송이 꽂혀 있었다. 어느 날 저녁, 나는 제비꽃 화분 받침에다 시든 꽃 몇 송이를 얹어놓았다. 달팽이가 잠에서 깼다. 달팽이는 화분 벽면을 따라 아래로 내려와서는 호기심 어린 모습으로 시든 꽃들을 이리저리 살펴보았다. 그러고는 꽃 한 송이를 먹기 시작했다. 먹는 건지 안 먹는 건지 모르는 속도로 꽃잎 하나가 서서히 사라져갔다. 귀를 바싹 기울였다. 달팽이가 먹는 소리를 들을 수 있었다. 그것은 누군가가 샐러리를 매우 잘게 끊임없이 씹어 먹을 때 나는 아주 작은 소리였다. 나는 달팽이가 보라색 꽃잎 하나를 저녁밥으로 꼼꼼히 다 먹어치우는 한 시간 동안 잠시도 눈을 떼지 않고 지켜보았다.

달팽이가 먹으면서 내는 아주 작고 정겨운 소리는 내게 특별한 동무와 공간을 함께 쓰고 있다는 느낌을 안겨주었다. 또한 내 침대 옆에서 시든 꽃들이 작은 생명체를 먹여 살릴 수 있다는 사실이 즐거웠다. 나는 신선한 샐러드를 더 좋아하지만 달팽이는 반쯤 시든 샐러드를 더 좋아했다. 달팽이는 자신에게 잠자리를 제공하는 살아 있는 제비꽃을 단 한 번도 갉아먹은 적이 없었다. 누구든 자기와 다른 생명체가 좋아하는 것을 존중해야 한다. 그것이 크든 작든 말이다. 나는 정말 기꺼이 그렇게 했다.

내가 머물고 있는 단칸방 작은 아파트는 창문이 많고 둘레에는 바닷물이 드나드는 아름다운 습지가 펼쳐져 있었다. 하지만 창가는 내가 누워 있는 곳에서 너무 멀리 있기 때문에 침대에서 몸을 일으킬 수 없는 나는 창밖을 내다볼 수 없었다. 햇빛은 날마다 창문들을 통해 내게 다가왔지만 창밖으로 내다보이는 세상은 내가 닿을 수 없는 저 너머에 있었다. 아침마다 잠에서 깨는 이 방의 벽과 천장은 화려한 우리 시골집과 달리 온통 하얀색이었다. 마치 아무 장식도 없는 하얀색 상자 속에 휑하니 갇혀 있는 것 같은 느낌이었다.

병에 걸리고 나서 처음 몇 년 동안은 1830년대식 시골집 농장에서 낮잠용 긴 의자에 누워 천장을 가로지르는 나무 들보들을 하염없이 올려다보곤 했다. 들보의 짙은 황갈색 색조는 내 영혼을 달래주었다. 들보에 박힌 옹이들은 그것이 살아온 오랜 야생의 역사를 말하는 듯했다. 여기저기 튀어나온 사각 못들도 한때는 다 그 나름의 용도가 있었다. 그 집의 방들은 모두 옛날식 우윳빛 페인트가 칠해져 있었다. 내가 누워 있던 방의 색상은 짙은 파랑이었다. 고개를 돌리면 주방은 빨강, 욕실은 초록, 거실은 은은한 회색이었다.

시골집에 있던 낮잠용 긴 의자는 창문에 바싹 붙어 있어서 몸을 일으켜 세워 앉지 않고는 창밖을 내다볼 수 없었다. 여름이면 잘 돌보지도 않았는데 쑥쑥 잘만 자라는 여러해살이 풀들이 만발한 뜰이 눈앞에 어른거렸다. 나는 친구들이 담소를 나누기 위해 걸어서 혹은 자전거나 차를 타고 오는 모습을 창가에서 지켜보곤 했다. 그들이 되돌아가기 위해 집을 나서면 나는 다시 창가에서 손을 흔들며 배웅을 했다. 동틀 무렵 잠자리에서 깨어날 때마다 늘 고양이 몇 마리가 들판을 어슬렁거리고 있었다. 또 이웃들이 한 사람씩 일하러 가기 위해 차를 몰고 나가는 소리도 들리곤 했다. 햇살은 한낮을 향해 서서히 가파른 경사를 이루며 길게 늘어지더니 다시 서서히 꼬리를 감추었다. 그러면 이웃들은 일터에서 한 사람씩 다시 돌아왔다. 벌판에 어둠이 내려앉으면 고양이들은 길게 뻗은 초원을 이리저리 돌아다니며 사냥에 몰두했다. 마침내 밤이 엄습했다.

둘레가 온통 하얀 방에서 지금 내가 받고 있는 보살핌이 고맙기는 하지만 그래도 여기는 우리 집이 아니었다. 내 몸이 기괴하고 당황스러운 상태라는 사실만으로도 충분히 힘들었다. 게다가 향수병까지 도졌다. 나를 기쁘게 하는 것들, 삶을 지탱시켜주는 야생의 숲, 그리고 인생을 풍요롭게 만드는 사회적 관계들이 모두 내게서 멀리 떨어져 있었다.

대개 생존은 특정한 목표, 관계, 믿음, 또는 가능성의 언저리에서 균형을 잡고 있는 희망 같은 것에 의존한다. 혹은 그것들보다 더욱 덧없는 어떤 것, 어쩌면 뚫고 지나갈 수 없을 것처럼 보이는 단단한 유리창을 통과해서 담요를 따뜻하게 덮히는 햇살, 눈으로 볼 수는 없지만 두터운 담벼락 너머로 커다랗게 들리는 바람소리 같은 것 덕분에 우리의 생명이 유지되는지도 모를 일이다.

지난 몇 주 동안 달팽이는 침대에서 몇 센티미터 떨어지지 않은 화분에서 살았다. 낮에는 제비꽃 잎사귀 아래서 잠을 자고 밤에는 밖으로 나와 돌아다녔다. 아침마다 내가 밥을 먹고 있는 동안 달팽이는 잠을 자기 위해 화분 위로 다시 기어올라와서 화분에 담긴 작은 흙구덩이 속으로 들어갔다. 달팽이는 대개 낮 동안 잠을 잤다. 어쩌다 제비꽃을 흘긋 보다가 잎사귀 아래 폭 파묻혀 있는 고리 모양의 자그마한 달팽이를 보면 마음이 편안해졌다.

저녁이 되면 달팽이는 어김없이 잠에서 깨어 놀라울 정도로 우아하게 화분의 가장자리로 이동해서는 자기 앞에 놓인 낯선 풍경들을 다시 한번 찬찬히 둘러보았다. 마치 고성 안에 우뚝 솟은 작은 탑에서 주위를 살피고 있는 제왕처럼 사려 깊은 모습으로 멀리서 울려오는 선율에 맞춰 춤추는 것처럼 더듬이를 이리저리 물결치듯 흔들었다.

달팽이는 내가 잠을 자려고 하면 화분 옆면을 타고 화분

받침으로 여유롭게 내려왔다. 거기서 내가 가져다놓은 꽃송이들을 발견하고는 아침밥을 먹기 시작했다.

탐사활동

탐사가 진행될수록 사물들에 대한
더욱더 많은 새로운 사실들이
인간의 마음과 정신을 꽉 채울 것이다.
— 에드워드 O. 윌슨, 『바이오필리아』(1984)

밤중에 잠을 자다 깰 때면 의식적으로 귀를 쫑긋 세우곤 했다. 어떤 때는 정적만이 흐르기도 했지만 또 어떤 때는 달팽이가 편안하게 무언가를 잘게 갉아먹는 아주 작은 소리를 들을 수 있었다. 나는 손전등을 들고 그 조그만 몸뚱이가 있는 곳을 찾아 비춰보곤 했다. 달팽이가 어떤 시든 꽃을 즐겨 먹는지 살짝 엿보았다. 달팽이는 대개 침대 옆 탁자로 쓰고 있는 나무 상자 위의 화분에서 얼마 떨어지지 않은 곳에 머물렀다.

며칠에 한 번씩 물컵으로 제비꽃에 물을 줄 때마다 화분에 물이 넘쳐서 화분을 떠받치고 있는 접시로 물이 새어나왔다.

그럴 때면 달팽이는 언제나 잠에서 깼다. 달팽이는 화분 테두리로 미끄러지듯 기어 나와 주위를 훑어보고는 아주 기분 좋은 듯 천천히 더듬이를 흔들면서 물을 마시러 아래로 내려왔다. 이따금 중간쯤까지 왔다가는 잠을 자러 다시 위로 올라갈 때도 있었다. 어떤 때는 꿈쩍도 하지 않고 있다가 물이 있는 곳까지 내내 목을 쑥 빼고 가서는 마침내 한 모금 길게 마시곤 했다.

 제비꽃 뿌리 둘레로 흙이 좀더 필요했다. 간병인이 채소밭에서 흙을 떠다가 화분에 넣었다. 달팽이는 마음에 들지 않는 듯했다. 며칠 동안 달팽이는 화분 옆으로 살금살금 기어올라 제비꽃 꽃잎 위로 곧바로 올라가기를 되풀이했다. 밭에서 새로 떠온 흙은 전혀 건드리지 않고 제비꽃 꽃부리 위에 높이 자리 잡은 채 낮잠을 잤다. 나는 당황한 나머지 간병인에게 도움을 요청했다. 곧바로 그 채소밭에서 떠온 마사토를 걷어내고 달팽이가 살던 숲에서 떠온 부식토를 화분에 다시 채웠다. 그러자마자 곧 달팽이는 새로 떠온 부드러운 흙에 우묵한 구덩이를 파고 제비꽃 잎사귀 밑에서 다시 편안한 잠을 자기 시작했다.

지금 제비꽃 화분 밑에 있는 나무 상자는 외할머니와 외할아버지가 1920년대에 버마(지금의 미얀마—옮긴이)로 가지고 갔다가 다시 가지고 온 것이다. 두 분은 의료선교사였고, 외할아버지는 매우 존경받는 의사였다. 외할아버지는 병들고 다친 사람들을 많이 치료했는데, 호랑이에게 물려서 크게 다친 한 남자를 살리기도 했다. 켕텅에 있는 샨족의 왕은 자신이 가장 아끼는 코끼리가 병들자 외할아버지를 불렀다. 외할아버지는 용감하게 코끼리에게 생긴 커다란 종기를 잘라내고 악성 전염병을 치료했다.

외할머니와 외할아버지는 뉴잉글랜드로 돌아왔다. 외할아버지는 그곳에서 시골의사로 지냈다. 거실을 병원 집무실로 만들어 거기서 환자들을 보았다. 어릴 적 외갓집에 가면 외할아버지가 내 기침소리를 들을까봐 늘 조심했다. 외할아버지는 내가 목구멍이 간질거리거나 얼굴이 조금이라도 창백해지면 혀를 눌러서 속을 메스껍게 하는 기다란 의료기구들이 담긴 큰 병을 들고 달려왔다. 그러고는 내 입을 크게 벌리고 그 기구들 가운데 하나를 목구멍 속으로 억지로 집어넣었다. 그렇지만 외할아버지는 환자에게서 전화가 오면, 심지어 한밤중일지라도 언제나 가장 먼저 하는 말이 "이를 어째요.

몸이 편찮으셔서"였다. 의사로부터 환자의 아픈 심정을 어루만지는 말을 듣는다는 것이 얼마나 어려운 일인가.

　몇 주가 지나면서 달팽이의 한밤중 유람은 점점 더 대담해지고 식욕 또한 왕성해졌다. 내가 주는 꽃만으로는 충분하지 않은 게 분명했다. 어느 날 밤, 달팽이는 비타민 C 병에 붙어 있는 상표 일부를 뜯어먹었다. 또 다른 밤에는 한 미술가 친구가 그린 파스텔화 위로 기어올라가서 초록색 마분지를 조금 뜯어먹었다. 하루는 아침에 깨어 보니 광고지들이 들어 있는 쿠션봉투에 구멍이 하나 뚫려 있었다.

　달팽이는 점점 더 자주 한밤중에 새로운 영역을 개척하며 여정을 늘려갔다. 화분을 받치고 있는 나무 상자 옆면을 따라 내려가기도 하고 가끔은 마룻바닥 가까이까지 다가간 모습도 눈에 띄었다. 또 나무 상자에 찍힌 까만 글자들을 조사하는 듯이 그 주위를 맴돌기도 했다. 달팽이는 나무 상자에 찍힌 검정 소인이나 등잔 바닥처럼 선명하고 짙은 흙 색깔에 특별히 관심이 많은 것 같았다. 또한 종이처럼 하얀 것들에도 마찬가지로 흥미를 느꼈다. 아무래도 달팽이는 종이를 나무로 요리한 패스트푸드쯤으로 여기는 것 같다는 생각마저

들었다.

 달팽이는 자기가 살던 숲에서 낯선 내 방으로 강제로 옮겨지고 나서 이곳이 어딘지, 어떻게 왔는지 아무것도 모르는 채 껍데기 안에 꼭꼭 숨어 있다가 마침내 모습을 드러냈다. 먹을 만한 식물조차 없는 사막 같은 환경이 처음에는 무척 낯설었을 게 분명하다. 달팽이와 나는 둘 다 스스로 선택하지 않았지만 지금까지 살아온 것과는 다른 환경 속에서 살아가야 했다. 달팽이도 나처럼 어딘가에 강제로 버려지고 추방당한 것 같은 느낌을 받았을지 모른다고 생각했다.

 아침마다 아직 잠이 덜 깬 순간이 있었다. 몸은 아직도 꿈속에서 헤매고 있는데 정신은 의식을 향해 조금씩 더듬거리며 나아가고 있는 때다. 그 순간은 언제나 순수하고 감미롭고 누를 수 없이 부푼 희망으로 가득 차 있었다. 하지만 그것은 내가 간청하거나 꿈꾼 것이 아니었다. 깨어났을 때 허탈감만 남을 게 뻔했기 때문이다. 그러나 그 희망은 끊임없이 내 안을 떠돌고 있었다. 문득 밤새 내 병이 눈 녹듯 사라져서 동이 터올 무렵 마술처럼 훌훌 털고 일어나기를 바라는 마음 말이다. 하지만 그 순간이 지나가고 눈을 뜨면 현실은 어김

없이 밀물처럼 밀려 들어왔다. 아무것도 변한 것은 없었다.

그러면 나는 달팽이를 생각했다. 그 자그마한 흙색의 생명체가 어디에 있는지 찾았다. 달팽이는 대개 화분으로 다시 올라가 잠들어 있었다. 그 작은 나선형 몸뚱이는 내가 혼자가 아님을 깨닫게 했다.

낮이 되면 신경이 가장 곤두서고 예민해졌다. 친구와 동료들은 직장에서 승승장구하고 가족을 돌보고 있는 때에 나는 침대에 누워서 옴짝달싹도 못하니 답답하기가 이루 말할 수 없었다. 그러다 달팽이가 낮잠 자는 모습을 보면 기분이 좀 나아졌다. 낮 동안 그냥 쉬면서 보내는 존재는 나 혼자만이 아니었다. 달팽이가 낮잠을 자는 것은 타고난 본성이었다. 심지어 오후 햇살이 가장 강할 때도 잠을 잤다. 문득 달팽이가 친구 같다는 생각이 들면서 마음이 편안해지고 스스로 쓸모없다고 느꼈던 무력감도 어느 정도 덜어낼 수 있었다.

저녁때가 되면 비록 밤 동안이기는 하지만 건강한 사람들도 마냥 침대에 드러누워 지내는 나처럼 똑같이 침대에 누울 거라고 생각했다. 짧지만 행복한 시간이었다. 대다수 사람들은 침대에 누우면 건강한 사람들에게 특별히 허락된 달콤한 잠에 깊숙이 빠져들기 마련이다. 그러나 나처럼 만성질환에 시달리는 사람들은 깊은 잠을 자지 못하거나 아예 한숨도 자지 못하는 때가 많다. 그럴 때 달팽이는 다시 한번 나를 미치지 않도록 도와주는 구세주이자 버팀대가 되었다. 온 세상이 나만 빼고 모두 잠들 때, 달팽이는 하루 중 가장 어두운 이 시간이 마치 자기가 살기에 가장 좋은 때인 것처럼 잠에서 깼다.

 몇 주 동안 달팽이와 스물네 시간 함께 지내면서 우리는 서로 의심할 나위 없는 사이가 되었다. 이제 녀석과 나는 공식적으로 함께 사는 사이였다. 내가 녀석을 진심으로 사랑하고 있음을 인정하지 않을 수 없었다. 녀석이 살던 자연의 보금자리에서 물어보지도 않고 이곳으로 데리고 온 것에 대해서 조금은 죄스러운 마음이 있었지만 그렇다고 녀석과 헤어질 마음은 전혀 없었다. 달팽이는 내 삶에서 또 하나의 소중한 존재였다. 녀석이 없었다면 그 많은 시간을 어떻게 보냈을지 상상도 할 수 없었다.

2부

초록 왕국

앞으로 얼마나 많은 것을 이룰지, 얼마나 큰 난관을 헤치고 가야 할지,
또는 달성해야 할 목적이 무엇인지 생각하지 말고
바로 네 곁에 있는 작은 일부터 최선을 다하라.
그것으로 그날 하루를 만족하면서.

— 윌리엄 오슬러 경(1849~1919), 내과의사

The Sound of a Wild Snail Eating

숲 바닥

나는 어떤 바위까지 가기로 했어.
그러나 거기에 도착하기 전에…… 동이 틀 게 분명해.
그 바위에 다다르면
거기 어디 갈라진 틈에 들어가 잠을 자리라.
— 엘리자베스 비숍, 「왕달팽이」(1969)

달팽이는 비록 몸집은 작지만 두려움 없고 지칠 줄 모르는 탐험가였다. 어쩌면 녀석은 끊임없이 자기가 살았던 숲으로 돌아갈 길을 찾거나 더 좋은 먹이가 나타나기를 바라고 있었는지 모른다. 녀석은 본능적으로 자신의 한계를 알았다. 밤새 얼마나 멀리 가야 동틀 무렵 묵묵히 집으로 돌아올 수 있는지를 말이다. 사막 같은 나무 상자 위에서 제비꽃 화분은 달팽이에게 물과 음식, 잠잘 곳을 제공하는 오아시스였다.

 달팽이가 탐험을 시작할 때는 미리 더듬이를 길게 쭉 뻗어 마치 자신이 찾고 있는 것이 몇 센티미터 떨어지지 않은 바로 앞에 있는 것처럼 당당하게 굴었다. 녀석이 미끄러지듯 기어가는 모습을 지켜보노라면 어느새 기분도 좋아지고 명상에 잠기기도 한다. 몹시 흥분하거나 낙담을 했을 때도 고요하게 천천히 움직이는 녀석을 보노라면 점점 마음이 가라앉곤 했다. 물 흐르듯이 이동하는 신비스러운 달팽이의 움직임은 마치 태극권 고수의 수련 동작을 떠오르게 했다.

문득 달팽이가 밤새 얼마나 멀리까지 가는지, 가다가 어떤 어려움을 만나는지, 그리고 먹을 것을 발견하고는 그것이 먹을 만한 것인지 먹어보다가 어떤 위험에 빠질 수 있는지 궁금해졌다. 잉크나 파스텔, 상품에 붙은 꼬리표 같은 것은 달팽이에게 좋은 먹이가 아닐 듯싶었다. A. A. 밀른이 쓴 동시 가운데 코끼리, 사자, 염소, 그리고 제임스라는 작은 달팽이 한 마리가 등장하는 「네 친구들」이 갑자기 떠올랐다. "제임스는 위험에 빠진 달팽이 소리를 냈지 / 그런데 아무도 그 소리를 듣지 못했어." 나는 달팽이가 그런 소리를 낼 수 있다고는 생각하지 않았다. 하지만 그것이 사실인지 확인하고 싶지는 않았다.

달팽이는 화분을 잠시 동안이지만 잠을 자고 아침밥을 먹는 임시 거처로 쓰고 있었다. 하지만 나는 녀석에게 좀더 안전하고 자연과 가까운 안식처를 마련해주고 싶었다. 마침 내가 묵고 있는 작은 아파트 한쪽에 창고처럼 구석진 방이 있었는데 간병인이 거기서 네모난 빈 유리어항을 찾아냈다. 어항은 곧바로 달팽이가 살던 숲에서 가져온 싱싱한 풀과 여러 잡동사니 자연물들로 채워진 널따란 실내 재배용 유리용기로 바뀌었다. 고양이 발톱 모양의 섬세한 꽃잎으로 이루어진 꽃 세 송이가 가느다란 줄기 위에 높게 핀 황련(눈부신 황금빛 뿌리 색깔 때문에 그렇게 부른다), 짙은 초록의 둥근 잎사귀들과 작은 선홍색 딸기들이 여러 달 동안 달려 있는 호자덩굴, 그것보다 더 크고 부드럽고 연한 잎을 가진 백옥나무, 다양한 이끼류, 작은 양치식물들, 아주 작은 전나무 가지, 썩은 자작나무 토막, 울긋불긋 이끼들로 뒤덮인 오래된 나무껍질 조각들이 그 안에 자리 잡고 있었다.

해안선 위를 나는 갈매기들은 이따금 홍합을 아래로 떨어뜨리곤 했다. 그래서 숲 속을 걷다 보면 이끼가 덮이고 속은 텅 빈 푸른 홍합 껍데기를 자주 볼 수 있었다. 속이 은백색인 홍합 껍데기는 이제 숲 속 작은 생명체들이 목을 축일 수 있는 천연 물웅덩이 구실을 했다. 유리용기 안은 묵은 가랑잎과 솔잎이 자연스럽게 흩어져 있어서 마치 진짜 숲 바닥을 들어다가 그대로 옮겨놓은 것 같았다. 그 속에 담긴 잎사귀와 나뭇가지들의 이슬에 젖은 듯한 촉촉하고 생기 있는 모습을 보노라면 한 차례 폭풍우가 지나간 뒤의 숲 속 풍경처럼 느껴졌다. 그것은 달팽이에게 딱 맞는 세계였다. 내 눈과 영혼도 따라서 즐거웠다.

 달팽이는 이 풍요로운 왕국으로 이동하면서 껍데기 밖으로 몸을 조금씩 내놓으며 조심스레 기어왔다. 그러고는 호기심 어린 모습으로 더듬이를 이리저리 흔들며 새로운 영역을 탐색해나가기 시작했다. 녀석은 말라죽은 나무토막을 따라 살금살금 기어가다 홍합 껍데기에 고인 물을 마시고 거기 있는 이끼들을 살폈다. 그리고 유리용기 벽면을 기어오르더니 사람의 눈에 띄지 않을 법한 어둑한 구석을 골라서 이끼가 약간 낀 곳에 자리 잡고 잠을 잤다.

 달팽이가 자는 동안 나는 침대에 누워 녀석이 들어 있는 유리용기 안을 살폈다. 새로 탄생한 초록 세계의 크고 작은 골짜기들을 따라갔다. 두텁게 깔린 푸석푸석하고 부드러운 것부터 오밀조밀 단단하게 쌓인 것까지 매끄러운 보풀 같은 다양한 이끼들이 마음을 사로잡았다. 연초록에서 검정빛 나는 짙은 초록까지, 그리고 선명한 옅은 황색에서 밝은 청록색까지 색상 또한 다양했다.

고사리 같은 양치식물들은 10센티미터쯤 길게 뻗은 아름다운 잎들을 활처럼 부드럽게 구부리고 있었다. 그 가운데 아직 다 자라지 못한 어린잎들은 곱슬머리처럼 아주 단단하게 돌돌 말려 있었다. 고향 마을의 숲에서는 이런 양치식물들이 실개천을 따라 화강암 바윗돌 옆에서 자란다. 항상 물이 흐르는 개울 덕분에 촉촉하고 생기가 넘치며 뿌리줄기를 갈라진 틈새에 단단히 박을 수 있는 바위 가장자리는 양치식물들이 좋아하는 곳이다. 해마다 겨울이 되면 얼음이나 눈 속에 죽은 듯이 파묻혔다가도 봄이 오면 신기하게 새싹이 움트는 태고의 신비여.

침대 맡에 새로 갖다놓은 유리용기는 그 자체로 모두 사랑스러웠다. 그것은 끊임없이 자라나는 하나의 초록 생태계였다. 그 초록 세계는 하찮아 보이는 갈색의 달팽이에게 더할 나위 없는 훌륭한 환경을 제공했다. 달팽이는 여전히 예전에 자신이 살던 숲을 그리워할지도 모르지만 이 유리용기는 적어도 지금까지 살았던 화분보다는 더 편안하고 자연에 가까운 세계였다. 이 유리용기 안에서 달팽이는 안전했다. 심지어 야생의 숲보다도 더 안전했다. 잎사귀 뒤에 숨어 있거나 하늘 위를 맴돌며 호시탐탐 기회를 엿보고 있는 포식자들이 그 어디에도 없었다.

달팽이를 꾸준히 지켜보면서 이 작은 친구를 어떻게 하면 더 잘 보살펴줄 수 있을까 하는 마음이 점점 더 간절해졌다. 그런데 간병인이 도로시 호그너가 몇십 년 전에 쓴 『별난 애완동물들』 *Odd Pets*이라는 책을 우연히 찾아냈다. 거기에는 마침 달팽이에 대한 기초적인 지식 말고도 달팽이가 버섯을 즐겨 먹는다는 내용이 있었다.

부엌에 있는 냉장고 속에는 신선한 포토벨로버섯(양송이버섯의 개량종으로 표고버섯보다 갓이 크고 편평하다—옮긴이)이 조금 있었다. 포토벨로버섯 한 송이는 달팽이보다 50배는 더 컸다. 간병인은 버섯을 얇게 썰어서 한 조각을 유리용기 안에 넣어주었다. 달팽이는 그 버섯을 매우 좋아했다. 지난 몇 주 동안 시든 꽃잎들만 먹다가 자기가 좋아하는 먹이를 만나 너무나 좋았는지 녀석은 며칠 동안 버섯 조각 옆에서 잠을 잤다. 낮 동안에도 깨어나서 기지개를 켜고는 버섯을 조금씩 갉아먹다가 배부른 듯하면 선잠에 빠지기도 했다. 매일 밤, 버섯을 엄청나게 먹어치우더니 마침내 한 주가 끝날 무렵 마지막 남은 조각마저 다 먹어버렸다.

작은 생태계 속의 삶

사물과 동물의 세계에 존재하는 모든 것들은
여전히 당신이 휘말릴 수 있는 우연한 일들로 가득합니다.
— 라이너 마리아 릴케, 1903, 『젊은 시인에게 보내는 편지』(1927)에서

달팽이는 매주 포토벨로버섯 한 조각씩을 모조리 먹어치웠다. 나는 달팽이가 버섯을 먹을 때마다 머리를 부드럽게 위아래로 끄덕이는 것을 보았다. 그것은 그날 식사가 만족스러웠다는 뜻이었을까? 달팽이가 먹다 남긴 버섯을 자세히 보니 거기에는 선명한 이빨 자국들이 일정한 형태로 찍혀 있었다. 아주 가늘고 작은 줄무늬 자국이 수직으로 나란히 나 있었는데 마치 가는 빗으로 빗질을 한 것 같았다.

달팽이를 친구로 삼고서 생긴 또 하나 재미난 일은 달팽이가 끊임없이 새로운 잠자리를 찾아다니는 모습을 보는 것이었다. 따라서 유리용기 안에서는 숨바꼭질 놀이가 끊이지 않

았다. 달팽이는 우거진 수풀 사이에 몸을 숨기는 데 능수능란해서 나는 언제나 녀석이 어디에 몸을 숨겼는지 찾아다녀야 했다. 날씨가 흐리거나 비가 오는 날에는 낮에도 잠에서 깨어 활동했는데 어찌나 빨리 움직이는지 깜짝 놀랄 지경이었다. 녀석이 있는 것을 금방 보았는데 어느 순간 자취를 감추는 바람에 녀석을 다시 찾기 위해 유리용기 속을 샅샅이 뒤져야 할 때가 많았다.

그 생명체는 물리적 현상을 무시하는 것처럼 보였다. 녀석은 이끼 꼭대기 끝을 눌러 뭉그러뜨리지 않고 기어갔다. 또 고사리 줄기를 타고 똑바로 올라가서는 잎의 위아래를 오르락내리락하면서 가장자리 끝까지 쉬지 않고 이동할 수 있었다. 달팽이가 움직일 때마다 아주 가볍기는 하지만 체중 때문에 고사리 잎이 활처럼 구부러졌다. 하지만 녀석은 전혀 당황한 기색을 보이지 않았다. 어떠한 위치나 각도, 높이에서도 아주 편안해 보였다. 녀석의 균형감각은 전혀 흠 잡을 데가 없었다. 녀석은 홍합 껍데기의 모서리 맨 끝에 올라앉을 줄도 알았다. 그러고는 그런 아슬아슬한 위치에서도 물이 가득 고인 홍합 껍데기 속으로 떨어지거나 미끄러지지 않고 빈 공간을 훌쩍 가로질러 버섯을 먹으러 가곤 했다. 어떤 장애물도 녀석에게는 문제가 되지 않았다. 나뭇가지 같은 장애물을 만나면 잠시 살펴본 다음 멀리 돌아가지 않고 바로 그 위로 넘어갔다. 아침마다 유리용기 안은 녀석이 밤새 돌아다니며 남긴 은백색 흔적으로 반짝거렸다.

나는 달팽이가 평화롭게 이동하면서 더듬이를 이리저리 흔드는 우아한 모습이 좋았다. 또 홍합 껍데기에 고인 물을 마시는 모습을 지켜보는 것도 좋아했다. 운 좋게도 달팽이가 몸치장하는 광경도 여러 차례 볼 수 있었다. 달팽이는 껍데기 모서리 너머로 몸을 둥그렇게 구부리고는 입으로 껍데기 가장자리를 살며시 닦았다. 마치 고양이가 목 뒤로 난 털을 핥는 모습 같았다. 대개 달팽이는 옆으로 누워 자는데 그럴 때면 소용돌이 모양의 달팽이 껍데기에 수직으로 난 줄무늬는 우리 집 늙은 얼룩고양이 제퍼가 웅크리고 낮잠을 잘 때 보이는 줄무늬를 연상시켰다.

잠시 동안 책을 읽으려고 들고 있는데도 힘이 들고 많은 집중력이 필요한 상태였지만 달팽이를 지켜볼 때면 아주 편안했다. 유리용기 속을 들여다보면서 아무 생각 없이 달팽이를 관찰하다 보면 내가 또 다른 생명체와 이어져 있다는 느낌이 들었다. 그 생명체는 나와 겨우 몇 센티미터 떨어지지 않은 곳에서 살고 있었다.

달팽이와 나는 저마다 정해진 일상이 있었지만 둘 다 모험을 즐기는 것 같았다. 문병 온 친구나 친척들이 무언가를 가져와서 유리용기 안에 넣으면 녀석은 언제나 호기심을 보였다. 그것이 이끼 낀 반쯤 썩은 나뭇가지든, 자작나무 껍질 조각이든, 이런저런 이끼 덩어리든, 혹은 상추 이파리나 오이 조각이든 더듬이를 살랑거리며 그 선물을 받았다. 달팽이는 조심스럽게 꼼꼼히 살펴본 뒤 그것이 먹을 만한 것인지 아닌지 맛을 보았다.

내가 한 모험은 그것보다 더 힘들었다. 몇 주 동안 침대를 벗어나지 못하고 방에만 있다가 진료를 받으러 의사를 찾는 것은 정말 터무니없이 어리석은 짓이었다. 나는 차를 타고 가는 내내 누워 있었다. 날마다 누워서 조용하게 지내던 사람이 미친 듯이 달리는 차 안에 누워서 창문 밖으로 높이 솟아 있는 나무들이 머리 위로 마구 스치듯 지나가는 모습을 보고 어찌 놀라지 않을 수 있겠는가.

휠체어를 타고 진료 대기실로 들어가자 여러 명의 환자들이 조용히 자기 차례를 기다리고 있었다. 우리는 모두 자기가 사는 머나먼 질병의 행성에서 이곳 병원까지 긴 여행을 했다. 우리는 서로 모르는 사이였지만 어느새 자연스럽게 무언의 동질감을 느꼈다. 우리는 모두 똑같은 목적으로 여기에 왔다. 자신이 사는 행성의 경험을 의사에게 설명하여 어떻게 하면 살아남을 수 있는지 알기 위해서 말이다. 이렇게 다른 환자들과 함께 있을 수 있었던 것은 내게 정말 소중한 시간이었다. 저마다 자기 나름의 질병이 있었지만 우리는 서로 그 짐을 나눌 수 있었다. 하지만 나는 몸이 너무 약해져서 여기서도 몇 분 이상을 똑바로 앉아 있을 수 없었기 때문에 다른 환자들과 함께할 수 있는 시간이 한정될 수밖에 없었다. 나는 되도록 빨리 진찰실로 들어갔는데 거기서는 누워서 기다릴 수 있었기 때문이다.

  이따금 이렇게 특별한 외출을 할 때는 차 뒷좌석에 누워 편안히 갈 수 있었지만 그 밖의 다른 곳은 어디도 갈 수 없었다. 사무실, 가게, 미술관, 도서관, 극장 같은 곳은 누워 있어야 하는 사람을 위한 시설이 전혀 없었다. 내가 가장 흥미로웠던 시간은 내 운전사가 심부름할 일이 생겼을 때였다. 나는 주차장에 세워진 차 뒷좌석에 누워 나와 같은 종들이 바삐 일하는 모습을 지켜보면서 친밀감과 안도감을 느꼈다. 그러나 다른 한편으로는 사람들이 가장 일상적으로 누리는 생활과 내가 얼마나 멀리 떨어져 있는지를 일깨워주는 서글픈 시간이기도 했다.

시간과 영역

그러나 아픈 사람에게 시간은
달팽이만큼이나 느립니다.
— 에밀리 디킨슨, 찰스 H. 클라크에게 보내는 편지에서(1986. 4)

내 침대에서 서로 몇 센티미터 떨어지지 않은 곳에 달팽이가 사는 유리용기와 시계가 있었다. 유리용기 속에서 녀석이 점점 더 활기차게 생활하는 동안에도 시간은 흘러갔다. 하지만 시간과 달팽이 사이의 관계는 나를 혼란에 빠뜨렸다. 녀석은 시곗바늘이 멈춘 동안에도 유리용기 속을 이리저리 돌아다니곤 했다. 그래서 나는 자주 달팽이가 시간보다 더 빨리 다닌다고 생각했다. 달팽이가 움직이는 것을 넋 놓고 바라보고 있노라면 나도 모르는 사이에 시간이 훌쩍 지나가버렸다. 달팽이가 양치식물의 이파리를 올라가는 것은 또 어떤가? 도대체 움직이고 있기나 한 건지 알 수 없었지만 사실은 날마다 조금씩 목적지를 향해서 나아갔다.

 시간이 많으면 많은 대로, 반대로 시간이 적으면 적은 대로 우리는 시간의 인질이다. 사람에 따라 하루에 몇 분, 혹은 몇 시간을 더 살거나 덜 살 수는 없다. 모두 똑같은 시간을 산다. 하지만 그 시간을 어떻게 쓰는지는 사람마다 다르다. 나는 병이 난 뒤로 시간이 너무 많이 남아돌아서 그야말로 시간 속에 파묻혀 있다고 느꼈다. 내가 해야 한다고 생각한 일은 산처럼 쌓여서 달에 가 닿을 지경이었다. 하지만 실제로 그 무엇도 내가 할 수 있는 일은 없었다. 시간은 그냥 하염없이 나를 질질 끌고 갔다. 너무 시간이 없어서 쩔쩔매는 친구들을 보면 내가 쓸 수 없어서 넘쳐나는 시간을 그들에게 줄 수 있으면 얼마나 좋을까 생각하기도 했다. 아무리 바라는 것을 얻었다 한들 건강이 이 모양이 되었으니 그 얼마나 부질없는 짓이었나 하는 생각에 착잡해졌다.

 나는 언제부턴가 나를 찾아오는 사람들을 열심히 기다렸다. 하지만 손님들을 기다리고 맞이하다 보면 정신적으로나 육체적으로 기진맥진해졌다. 손님들과 이야기의 물꼬가 터지면 최선을 다해서 대화에 정신을 집중했다. 나는 이렇게 해서라도 바깥세계와 연결되고 싶은 마음이 간절했다. 그런데 내 연약한 몸은 출렁이는 파도 아래로 가라앉았다. 하지만 친구들은 하루하루 단조롭게 짜이는 직물을 드문드문 화려하게 치장하는 황금실과 같은 소중한 존재였다. 그들의 방문은 한때 내가 누렸던 생활을 잠시나마 기억나게 하는 창문이었다. 하지만 나는 그 창문을 통해서 되돌아오기도 전에 언제나 잠이 들었다. 다시 잠에서 깨어 혼자일 때면 그들의 방문은 모두 꿈처럼 느껴졌다.

달팽이의 세계가 점점 더 가까워질수록 나와 관계된 인간 세계는 반대로 점점 더 멀어졌다. 나와 같은 종은 너무 크고 너무 경솔하며 너무 혼란스러웠다. 어느 날 문득 방문객들이 어떻게 행동하는지 관찰하는 데 몰두하고 있는 나를 발견했다. 달팽이를 관찰할 때처럼 그들 방문객을 자세히 관찰하기 시작했다. 친구들은 놀랍게도 방 안을 정신없이 휘젓고 다녔는데 마치 자신의 힘을 어디에 써야 할지 모르는 사람들 같았다. 그들은 남아도는 힘을 주체하지 못한 듯 매우 산만했다. 자기도 모르게 팔을 흔들고 갑자기 머리를 뒤로 젖히고 마치 아무 일도 없는 것처럼 몸을 쭉 폈다가 어느새 구부리거나 쓸데없이 손가락으로 머리카락을 빗어 넘겼다.

방문객들이 안정된 모습을 보이기까지는 시간이 좀 걸렸

다. 그들은 의자에 앉아 한동안 안절부절못하다가 서서히 긴장이 풀리면서 마침내 평온한 자세를 취했다. 그들은 시간이 흐르면서 점점 더 재미난 이야기들을 하기 시작했다. 그러나 어느 정도 시간이 지나 내가 거의 움직이지 못하고 몸이 굳어 있다는 것을 눈치 챌 때쯤이면 방 안에 어색한 침묵이 감돌곤 했다. 그들은 내가 힘들어하지 않을까 걱정했다. 하지만 나는 오히려 내가 그들이 두려워하는 모든 것, 운, 불확실성, 상실, 죽음의 백척간두 같은 것을 생각나게 하는 존재라는 사실을 알 수 있었다. 건강한 사람들은 우리 같은 병자들을 보면 내색하지는 않지만 속으로는 자기도 그렇게 될까봐 두려워했다.

마침내 방문객들은 뭔가 초조한 듯 두 손을 꼼지락거리거나 방바닥을 발로 톡톡 두드리기 시작했다. 내가 스스로 몸을 놀리지 못하는 것이 점점 더 확실해지자 그들의 움직임은 점점 더 커졌다. 그들은 양팔을 세차게 흔들거나 방 안을 왔다 갔다 하면서 몸 둘 곳을 몰라 했다. 한곳에 잠시도 가만히 있지 않았다. 그러다 마침내 얼른 방을 빠져나갔다.

우리 집 개, 브랜디는 골든 리트리버와 옐로우 랩의 종자가 섞인 개였다. 나이가 벌써 여덟 살인데도 브랜디의 활력은 나와 비교가 안 될 정도였다. 나도 한때 그 개와 함께 활기차게 여기저기 돌아다녔다는 게 믿기지 않았다. 이제는 기껏해야 침대에서 먹고 남은 저녁밥 찌꺼기를 주거나 브랜디의 부드러운 귀를 만지작거리며 몇 번 쓰다듬어줄 수 있을 뿐이었다. 나는 브랜디를 정말 좋아했다. 당장이라도 침대를 박차고 일어나 문을 열고 바깥세계로 나가 다시 한번 함께 야생의 숲 속으로 깊숙이 달려가고 싶어하는 듯한 브랜디의 간절한 눈망울은 내 마음을 더욱 아프게 했다.

사람들이 문병을 왔다 가고 나면 심신이 힘들었지만 달팽이는 내게 영감을 불러일으켰다. 녀석의 호기심과 우아함은 나를 평화와 은자의 세계로 점점 더 가까이 이끌었다. 녀석이 유리용기 속 작은 생태계에서 생활하는 모습을 지켜보노라면 마음이 편안해졌다. 나는 달팽이에게 자기만의 고유한 특성이 드러나는 이름을 지어주는 것이 어떨까 하는 생각을 했다. 지난번에 읽은 『별난 애완동물들』이라는 책에서 달팽이가 암수한몸이라는 사실을 알았다. 그것은 선택의 폭을 좁혀주었다. 하지만 사람처럼 이름을 짓는 것은 적절해 보이지 않았다. 이 달팽이는 단순한 하나의 생명체가 아니었다. 녀석은 어쩌면 마음속으로 오랜 세월을 거슬러 올라가서 자신의 혈통을 이루는 모든 조상들에게 나를 소개하고 있었는지도 모른다. 유리용기 속을 들여다보노라면 마치 그 태곳적 시대로 되돌아가는 것만 같았다. 침대에 누운 채 옆으로 시선을 돌리면 양치식물과 이끼들이 숲과 들판 언덕처럼 모습을 드러냈다. 그 속에서 달팽이가 이리저리 움직이는 모습을 보고 있노라면 녀석은 시간을 초월해서 아무런 변화도 없는 영원한 세계 속에 살고 있는 것처럼 보였다. 나는 그냥 '달팽이'라고 부르는 소리가 듣기 좋았다. 그 단어는 그 생명체 자체만큼이나 작고 소박했다. 달팽이를 뜻하는 '스네일'snail은 누룩으로 빚은 나선형 모양의 빵을 일컫는 독일어 '슈네케'schnecke에서 파생된 고대 영어에서 온 말이다. 어쨌든 나는 이 작은 친구에게 이름을 지어주지 않고 그냥 계속해서 '달팽이'라고 부르기로 했다.

달팽이가 남긴 작은 발자국들을 볼 때 녀석은 무척이나 꼼꼼히 유리용기 안의 많은 영역을 구석구석 뒤지고 다녔다. 끝없는 호기심으로 후미진 외딴 곳과 갈라진 틈들을 샅샅이 살폈다. 그에 비해서 나는 누워 있는 침대 시트 바로 너머로도 거의 몸을 옮기지 못했다. 달팽이도 잠들고 이따금 아무리 아프더라도 몸을 돌리고 싶은 마음이 간절할 때 나는 침대에 누운 채 천천히 오른쪽에서 왼쪽으로 구르곤 했다. 이렇게 조금만 움직여도 심장이 발작하듯 거칠게 뛰었다. 하지만 그 대가는 너무도 훌륭했다. 지금까지와는 완전히 다른 광경이 눈앞에 펼쳐졌기 때문이다. 방 반대편은 창문이나 방문처럼 가장 가슴 설레게 하는 것들을 포함해서 머나먼 모험의 땅이 끝없이 펼쳐진 광활한 지도처럼 보였다.

물론 내가 가 닿을 수 있는 곳은 하나도 없었다. 다만 예전에 항상 몸을 씻던 욕실 한구석을 겨우 볼 수 있을 따름이었다. 조금만 더 안을 들여다볼 수 있다면 바닥에 작은 발이 달린 구식 욕조도 볼 수 있을 텐데. 예전에 집에 들어오면 피곤함을 씻어버리기 위해 항상 목욕하던 기억이 되살아나자 그때가 하염없이 그리워졌다. 욕실 맞은편에는 표지 색깔이 제각기 다른 책들이 여러 권 꽂혀 있는 책장이 하나 있었다. 가까이서 책 제목들을 볼 수 있다면 아마도 흥미로운 것들이 많을 텐데 거리가 너무 멀었다. 일어설 수만 있다면 밖이 내다보이는 창문도 하나 있었다. 그리고 거기에는 바깥세상으로 이어진 문도 있었다.

언젠가 정말로 내 손으로 이 문을 열고 밖으로 걸어 나갈 수 있을까? 그렇게 세상으로 걸어 나가는 것이 아무것도 아닌 일상이 될 수 있을까? 멍하니 문을 바라보다 문득 지금 나는 그 어느 곳도 갈 수 없구나 하는 생각이 들었다. 담대한 모험의 꿈이 공허하게 끝나고 심신이 기진맥진해지면 나는 다시 반대로 천천히 몸을 굴려서 유리용기 속 왕국, 그곳의 작은 삶으로 돌아왔다.

3부

병렬

달팽이의 역사는…… 코끼리의 역사보다 더 상세하게 고찰되어왔다.
그리고 달팽이의 해부도 다른 것보다 더 낫지는 않지만 잘 알려져 있다.
하지만 자연이라는 전체 그림에서 어느 한 개체도 그것에게 본디 주어진
공간보다 더 많은 공간을 차지할 수 없다는 사실은 달팽이가 놀라울
정도로 자기에게 주어진 삶에 잘 적응하는 것을 보는 것만으로 충분히 알 수 있다.

— 올리버 골드스미스, 『지구와 살아 있는 자연의 역사』(1774)

The Sound of a Wild Snail Eating

수천 개의 이빨

달팽이 입은 칼같이 날카롭고 혀처럼 생긴 매우 가공할 만한 도구로 무장되어 있다……. 엄청나게 많은 날카로운 작은 이빨들[로]……. 이빨이 얼마나 많은지 믿기 어려울 정도다.
— 『영양과 위생학 판보』(1900), 작자 미상

육상달팽이에 대해서 좀더 많은 것을 알기까지 여러 해가 걸렸다. 나는 도서관 상호대출 제도를 이용해서 열두 권짜리 『연체동물』 *The Mollusca*이라는 개론서를 빌렸다. 그 책은 인간과 같은 지능을 지닌 문어에서 아주 작은 달팽이에 이르기까지 모든 무척추 연체동물에 대한 정보를 망라하고 있었다.

달팽이 또는 민달팽이는 학술적으로 '개스트러포드'gastropod(복족류)—한 개의 근육 발을 가진 연체동물—에 속하는데, 이는 '배로 기는 발'이라는 뜻을 가진 고대 라틴어와 그리스어에서 파생된 말이다. 시인 빌리 콜린스는 「대피」라는 매우 특이한 시에서 다음과 같은 구절로 끝을 맺는다.

[나는] 복족류라고 큰 소리로 말했다.
그리고 그 말이 무슨 뜻인지 모르면서,
아래층으로 내려가 주위를 살펴보고는
아내와 우리 집 개를 피해 숲 속에 숨었다.

콜린스가 복족류라는 용어 때문에 깜짝 놀랐다면 나는 『연체동물』이라는 책을 보고 과연 어떻게 놀랄지 궁금했다. 순서에 상관없이 소포로 도착한 먼지 낀 회색 책들은 들고 보기에는 너무 무거워서 다른 책들을 뒤에다 받치고 옆으로 누워서 읽어야 했다. 하루에 조금씩 천천히 읽다 보니 생물학과 생리학에서 생태학과 고생물학에 이르기까지 모든 과학 분야에 걸쳐 복족류에 대한 통찰력이 생기는 것 같았다. 복족류에 대해서 점점 더 깊이 파고들면 들수록 복잡한 이빨 형태에서 달팽이 점액을 만드는 생화학과정과 달팽이의 상세한 성생활에 이르기까지 놀랄 정도로 아는 것이 많아졌다. 그러나 여러 권의 『연체동물』 개론서에도 달팽이 생활에 대한 어떤 확실한 관점이 없었다. 마침 그 무렵 빅토리아 여왕 시대 초기의 박물학자들을 접하게 되었는데 그들은 그 작은 달팽이들을 관찰하는 데 수없이 많은 시간을 보내고도 아무

렇지도 않게 생각하는 대단한 인물들이었다. 나는 또한 살면서 어느 한순간 달팽이의 삶에 푹 빠졌던 시인과 작가들을 우연히 만났다.

기원전 4세기, 아리스토텔레스는 『동물사』 *History of Animals*에서 달팽이 이빨이 "날카롭고, 작고, 섬세하다"고 썼다. 나와 함께 있는 달팽이는 이빨이 약 2,640개였다. 그래서 나는 아리스토텔레스의 설명에다 '매우 많은'이라는 말을 덧붙였다. 그 이빨들은 달팽이가 먹이를 꽉 잡을 수 있도록 입 안쪽으로 향해 있다. 한 열에 이빨이 서른세 개씩 있으니 아마도 80열쯤 있는 셈이다. 이빨 여러 개가 가는 띠처럼 이어져서 마치 표면을 다듬을 때 쓰는 줄처럼 작용하는데 그것을 치설齒舌이라고 부른다. 달팽이가 버섯을 먹을 때 고개를 끄덕이는 것은 버섯을 치설에 비벼서 갉아먹기 위해서였다. 전에 편지봉투나 종잇조각에서 발견한 이상한 네모 구멍들도 바로 이런 작용 때문에 생긴 것이었다. 앞 열에 난 이빨이 닳아 없어지면 뒤에서 새로운 열이 생긴다. 치설은 천천히 앞으로 이동하는데 4주에서 6주면 완전히 새로운 이빨들로 대체된다. 치설은 특정한 달팽이의 먹이에 알맞게 바뀐다. 따라서 치설을 보고 그 달팽이가 무슨 종인지 확인할 수도 있다.

　죽을 때까지 오직 서른두 개의 이만으로 버텨야 하는 내 처지와 비교할 때 달팽이 이빨이 부러웠다. 치과의사라는 직업을 만들어낸 종보다 자연스럽게 이빨을 바꿀 수 있도록 진화한 종에 속하는 것이 훨씬 더 현명한 것처럼 보였다. 그럼에도 치과 진료예약은 내가 밖으로 나가는 모험 가운데 가장 좋아하는 일이었다. 누울 수 있었기 때문이다. 진료용 의자에 누워 입을 벌리는데 거기에 사람 크기만한 거대한 치설이 있다고 상상해보자. 그것을 본 치과의사는 얼마나 깜짝 놀라겠는가.

　어떤 달팽이 종은 육식을 한다. 심지어 자기 종을 서로 잡아먹는 달팽이들도 있다. 그들은 상대 달팽이 껍데기에 구멍을 내거나 입속으로 직접 파고들며 공격하기도 한다. 이런 달팽이 종은 다른 달팽이들에 비해서 이빨 개수는 적지만 길이가 더 길다. 음흉스럽게도 먹잇감을 소화할 수 있는 입안의 공간을 더 많이 확보하기 위해서 그 긴 이빨들을 접기까지 한다.

　이러한 특성을 알고 나니 몸서리가 났다. 비록 내 곁에 있는 달팽이는 그런 종이 아니었지만 패트리샤 하이스미스의 단편소설 「블랭크 클래버린지Blank Claveringi를 찾아서」를 연상시키는 사람 크기만한 그런 달팽이는 우연이라도 전혀 만나고 싶지 않다. 그 소설에서 동물학 교수 애버리 클래버링은 쿠와(일본어로 뽕나무를 뜻함—옮긴이)라는 섬에 정체불명의 식인 달팽이들이 살고 있다는 이야기를 듣고는 그곳에 가서 그들의 존재를 확인하고 그 종의 이름에 자기 이름을 붙여 명성을 얻고자 그곳으로 떠난다. 클래버링은 쿠와 섬에 도착한 뒤 나무 꼭대기에서 식사를 하고 있는 6미터가 넘는 거대한 달팽이들을 발견한다. 달팽이들은 금방 새로운 침입자가 있음을 눈치 챈다. 클래버링은 "그러니까…… (아마도 새로 이름을 붙인다면) 카르니보라 클래버린지Carnivora Claveringi라고 부를 두 마리의 느리게 움직이는 육중한 피조물에게서 도망치는 것은" 아주 쉬울 거라고 생각한다. 그러나 그는 자신이 발견한 새로운 생명 종에게 너무 가까이 다가간다. 그래서 지금까지 문학에서 등장한 것 가운데 가장 독특하면서도 가장 느린 추격 장면이 시작된다. 거대한 괴물 달팽이들의 지치지 않는 추격 때문에 마침내 클래버링은 기진맥진하여 커다란 바위틈에 숨는다. 그러나 달팽이들 가운데 한 마리가 끈적끈적한 발로 그가 숨어 있는 곳을 막는 바람에 거의 질식 상태에 놓인다. 그는 가까스로 바닷가로 탈출하지만 그 거대한 괴물 달팽이들은 계속해서 그의 뒤를 쫓고 마침내 줄거리는 비참한 최후로 끝난다.

신축성이 뛰어난 더듬이

〔달팽이의〕 더듬이는 축 처져 있을 때는 맥이 풀린 것처럼 여유롭다가도 앞으로 나아갈 때면 어느 순간 갑자기 돌변해서 노새의 귀처럼 더듬이를 쫑긋 세운다.
— 어니스트 잉거솔, 「달팽이 사육장에서」(1881)

달팽이는 여기저기 돌아다닐 때나 먹을 때면 근육으로 이루어진 머리와 다리를 길게 뻗었다. 그러나 조금이라도 불안을 느끼면 곧바로 몸통 가운데 가장 크고 뒤쪽에 있는 껍데기 속으로 머리와 다리를 집어넣는다. 달팽이의 허파, 심장, 위장처럼 가장 중요한 신체기관이 들어 있는 부드러운 몸통 부분은 내부 막으로 껍데기와 연결되어 있다. 그 내부 막은 달팽이 몸에 물을 저장하는 구실도 한다. 달팽이 몸무게의 약 12분의 1에 해당하는 물을 저장할 수 있다. 따라서 비가 내리지 않는 건조한 기후에도 낙타처럼 오랫동안 살아남을 수 있다.

달팽이는 절반 정도는 피부로 숨을 쉬고 나머지 절반 정도는 머리 아래 오른쪽에 나 있는 작은 숨구멍으로 숨을 쉰다. '호흡구'pneumostome라고 부르는 이 작은 구멍은 확산작용에 의해 가끔씩, 아마도 1분에 네 차례 정도 구멍을 열어 숨을 내쉬고 들이마신다. 달팽이의 활동량에 따라 숨구멍이 열리는 횟수는 조금씩 달라질 수 있다. 우리 인간처럼 따뜻한 피가 흐르는 '온혈동물'은 일정한 체온을 유지해야 하지만 달팽이 같은 '냉혈동물'은 환경에 따라 체온이 달라진다. 따라서 달팽이는 같은 크기의 포유류가 필요로 하는 칼로리의 절반만으로도 살 수 있다.

우리 달팽이는 두 쌍의 더듬이가 있었다. 아래쪽에 있는 더듬이의 길이는 약 0.6센티미터고 위쪽에 있는 더듬이의 길이는 약 1.3센티미터인데 더듬이 끝에 눈이 달려 있었다. 달팽이는 움푹 들어간 이 더듬이들 안으로 눈을 순식간에 쏙 집어넣을 수 있다. 동시에 더듬이도 머리 안으로 신속하게 집어넣는다. 1774년, 올리버 골드스미스는 『지구와 살아 있는 자연의 역사』 *A History of the Earth and Animated Nature* 에서 "[달팽이의] 가장 두드러진 특징은 거대한 뿔 꼭대기에 눈이 달렸다는 사실이다" 하고 감탄했다. 또한 19세기 말,

제임스 위어는 『이성의 여명』 The Dawn of Reason에서 "달팽이는 신축성이 자유로운 망루에 눈을 달고 다닌다"고 더 자세하게 설명했다.

달팽이는 먹이를 구하러 다니거나 버섯을 뜯어먹을 때 끊임없이 더듬이를 이리저리 흔들고 씰룩거렸다. 먹음직스러운 냄새가 나면 그쪽으로 더듬이를 뻗다가도 조금이라도 위협을 느낄 만한 것이 있으면 바로 더듬이를 안으로 오그렸다. 녀석은 더듬이 하나하나를 따로따로 앞뒤나 위아래로 천천히 휘두르며 거의 90도 각도까지 자유자재로 방향을 바꿀수 있었다. 그럴 때면 마치 보트가 어둠 속에서 항로표지판을 찾기 위해 탐조등을 이리저리 비추며 나아가는 모습을 보는 듯했다.

우리 인간은 다섯 가지 감각이 있고 길을 찾을 때는 주로 시각에 기대지만, 달팽이는 모든 것을 후각, 미각, 촉각, 세 가지 감각에만 의존한다. 특히 후각이 가장 중요한 감각이다. 달팽이는 완전히 귀머거리였다. 따라서 달팽이가 사는 곳은 침묵의 세계다. 달팽이의 '시각'은 매우 한정되어 있어서 어둠과 빛으로 대강의 방향을 찾아낸다. 밝은 빛은 뜨겁고 건조하고 위험한 환경이 있으니 조심하라는 경고인지도 모른다. 반면에 어둠은 안전하고 선선하고 촉촉한 곳임을 알려주었다. 갑자기 그늘이 지면 포식자가 나타났음을 알리는 신호로 받아들이는 듯했다.

달팽이를 지성과 목적성을 가진 존재로 만드는 것은 후각과 미각을 관할하는 더듬이였다. 이렇게 더듬이는 달팽이의 생존에 가장 중요한 기관이기 때문에 상처를 입으면 불가사리의 팔이 다시 자라나는 것처럼 더듬이들도 다시 자란다. 데이비드 H. 프리드먼은 「화학물질의 세계에서」라는 논문에서 이렇게 설명했다.

육상달팽이는…… 두뇌의 절반 정도를…… 맛보고 냄새 맡는 일에 쓴다. 달팽이는 그 일을 두 쌍의 더듬이들에게 솜씨 좋게 나눈다. (위쪽) 한 쌍의 더듬이는 공중에 이리저리 휘두르며 냄새를 맡고 (아래쪽) 다른 한 쌍의 더듬이는 혀처럼 날름거리며 먹잇감을 섭취하기 전에 마지막으로 살펴본다…….

달팽이는 아래쪽 더듬이에 돋아난 미각돌기로 짠맛, 쓴맛, 단맛을 구별할 줄 알았다. 위쪽 더듬이를 따라 분포한 수천 개의 화학적 자극에 반응하는 화학수용세포들은 사람의 코

안에 있는 세포들과 비슷했다. 달팽이는 곤충들처럼 냄새를 통해서 세상을 '본다.' 공기 중에 있는 아주 극소량의 분자만으로 향내를 맡을 수 있다.

달팽이는 바람의 속도나 방향을 바탕으로 바람에 실려오는 냄새가 어디서 나는지, 얼마나 멀리 떨어져 있는지 본능적으로 알았다. 내 방으로 불어오는 바람결에는 숲에서 나는 향내 같은 것은 전혀 없었다. 따라서 특히 제비꽃 화분에서 지내는 동안 달팽이는 끊임없이 바뀌는 낯선 냄새들, 즉 사람 냄새와 음식, 차, 비누, 종이, 잉크 냄새들 때문에 당황했을 게 틀림없다.

냄새 맡는 구실을 하는 달팽이의 더듬이는 인간의 코와 달리 콧물과 같은 점액을 내지 않는 유일한 신체조직이다. 콧구멍 두 개가 나란히 고정되어 있는 인간의 코와 견주어 코 구실을 하는 달팽이의 독립된 더듬이 두 쌍은 입체적인 후각 기능을 제공한다. 만일 사람들의 팔 전체가 후각기관이라면 그들이 도시 중심가를 걷고 있을 때 어떤 모습일까 상상해보았다. 그들은 커피숍과 빵집, 레스토랑을 지나치면서 팔을 이리저리 거칠게 내저으며 가게들에서 풍겨오는 냄새를 맡으려고 할 것이다. 또 어쩌면 레스토랑 음식을 평가하는 음식평론가는 팔을 이리저리 휘두르며 자기가 먹는 요리뿐 아니라 가까운 식탁에서 다른 사람들이 먹고 있는 요리까지 냄새를 맡으며 평가할지도 모른다.

달팽이가 비록 아주 정교한 후각기능을 가지고 있다고 해도 제대로 보고 듣지 못하면서 어떻게 살아나가는지 궁금했다. 달팽이는 자기가 태어나고 자란 숲에서 날마다 미끄러지듯 기어다니던 이끼나 타고 오르던 식물들을 볼 수 없었다. 머리 위에 있는 나무들이나 별들도 보지 못했다. 날이 밝으면 지저귀는 새소리도 듣지 못하고 한밤중 코요테의 울부짖음도 듣지 못했다. 심지어 자기를 잡아먹으려는 포식자는 물론이고 자기가 낳은 새끼조차 한 번도 보거나 그 소리를 듣지 못했다. 달팽이는 그냥 냄새 맡고, 맛보고, 몸으로 접촉하는 것만으로 세상 모든 것을 이해했다.

달팽이가 어떻게 자기 주변 환경에 적응하며 사는지를 가장 잘 이해하게 된 것은 헬렌 켈러가 『내가 사는 세상』*The World I Live In*에서 사람들이 후각과 촉각만으로도 얼마나 풍성하게 인간생활을 영위할 수 있는지 묘사하는 글을 읽고 나서였다.

나는 만지고 냄새 맡는 것만으로 세상의 모든 것을 구분할 수 있다고 믿지는 않는다. 그러나 어디서든 촉각이라는 강물은 후각이라는 실개천들이 서로 만나서 이루어진다…….
몸에 닿는 감촉은 오래가고 뚜렷하다. 냄새는 한자리에 머물지 않고 일시적이어서 농도나 정도, 장소에 따라 바뀐다. 내게 거리감을 느끼게 해주는 것은 냄새 말고도 다른 것이 있다. 나는 그것을 지평선—냄새를 맡을 수 있는 마지막 한계에서 냄새와 상상력이 만나는 그 경계선—이라고 부른다…….

우리 달팽이는 냄새의 '지평선'을 인식하는지, 그래서 버섯에서 풍기는 냄새가 공중으로 얼마나 먼 곳까지 퍼져나갈지를 알고 있는지 궁금했다. 달팽이의 항로는 복잡하다. 끊임없이 바뀌는 냄새와 빛의 밝기에 따라, 그리고 몸체와 하나인 발에 분포된 촉각기관들을 통해 지형의 느낌이나 형태를 인식하고 공기의 흐름을 인지하는 촉각기관에 따라 항로를 정하기 때문이다. 지금 내 곁에 있는 달팽이는 이전에 자신이 살았던 야생의 숲에서와 마찬가지로 제비꽃 화분 아래 나무 상자와 실내 재배용 유리용기 속에서도 이와 똑같은 방식으로 움직였다.

나는 내 친구 달팽이에 관해 더 잘 알기 위해서 복족류에 대한 과학책들을 열심히 탐독했다. 덕분에 달팽이들이 공해 때문에 배출된 유독성 물질 섭취와 온도, 습도, 바람, 진동 같은 환경조건에 지극히 민감하다는 것을 알았다. 나도 이것과 관련되었을 수 있었다. 망가진 자율신경계는 나 역시 이런 것들에 민감해지도록 했다.

나는 대부분의 약들을 견뎌내지 못했다. 담당의사는 약사가 마치 실험용 쥐를 위한 약을 조제하고 있는 것 같다고 말할 정도로 즉석 치료제들을 계속해서 처방했다. 체온조절은 더 이상 정상적으로 이루어지지 않았다. 몹시 추워 덜덜 떨다가는 어느 순간 갑자기 불같이 열이 났다. 차라리 냉혈동물이었다면 좋았을걸 하는 생각도 들었다. 아프기 전에는 창문 밖에 보름달이 떴어도 편안히 잠잘 수 있었다. 하지만 이제는 한밤에 방 안을 캄캄한 어둠 속에 던져놓고도 잠 못 이루는 날이 많았다. 전화벨 소리도 내게는 해일이 밀어닥치는 소리처럼 들렸다. 그래서 전화벨 소리도 꺼놓았다. 나는 느리게 끊임없이 흐르는 음악소리만 들을 수 있었다. 딱딱 끊는 소리는 무엇이든 너무 귀에 거슬렸다. 평소 즐겨 듣던 장엄한 그레고리오 성가도 이제 더는 들을 수 없게 되었다.

달팽이가 공기를 통해 소리의 진동을 감지할 수 있다면 베네딕트회 수도사들은 달팽이에게 어떤 노래를 불러줄까 궁금했다.

경이로운 나선형 껍데기

온 동네를 배회하는 달팽이를 보라
그는 자기 집을 조용히 이고 다니며 집 안에 있다.
— 존 던(1572~1631), 「헨리 우튼 경에게」에서

나는 심지어 달팽이가 잠을 잘 때도 아름다운 나선형 무늬를 그리고 있는 껍데기를 사랑스럽게 바라보곤 했다. 그것은 아주 작지만 눈부시게 뛰어난 하나의 완벽한 건축물이었다. 앞으로 나아갈 때면 껍데기에 그려진 나선형 무늬가 기하급수적으로 늘어나기 때문에 그 모양을 로그나사선이나 등각나사선이라고 불러도 손색이 없다. 또 경이로운 나선으로도 알려져 있는 나선형 무늬는 바닷가에서 빈 조가비를 귀에 대면 파도소리가 들리는 까닭을 설명한다. 바닷가의 여러 가지 소리들이 굽이굽이 굴곡진 빈 조가비 속으로 들어와 서로 메아리를 주고받기 때문에 마치 끊임없이 파도가 부서지는 것처

럼 들리는 것이다.

1905년, G. A. 프랭크 나이트는 퍼스셔 자연과학회에서 행한 연설에서 다음과 같이 말했다.

> 나선형 모양을 한 연체동물은 사람들이 가장 호기심을 갖는 주제 가운데 하나로 저명한 과학자들의 연구 의욕을 불러일으켰다……. 그 동물은 확신 속에서 혼자 힘으로 집을 짓는다……. 그리고 아주 완벽한 기하학적 곡선, 비율, 원리에 따라 집을 완성한다……. 그 곡선들의 연속은 얼마나 무궁무진하고 그 범위는 얼마나 넓은지……. (그러나) '지수 나선'의 법칙이 지켜지고 있는 것은 틀림없다.

거의 모든 나라의 언어에서 '달팽이'를 나타내는 단어는 나선형 모양을 뜻한다. 아메리카 원주민 와바나키Wabanaki 족은 달팽이를 '나선 모양의 수중동물'이라는 뜻으로 '위윌리메크'Wiwilimeq라고 부른다. 이탈리아 학자 조반니 프란체스코 안젤리타는 1607년에 「인간 생명체의 원형이었음에 틀림없는 달팽이에 관하여」라는 소논문을 썼다. 그는 생각에 잠긴 듯한 달팽이의 신중한 발걸음과 순한 몸가짐에 찬사를 보내면서 드릴 날을 비롯해 그 유명한 유럽식 나선형 계단에 이르기까지 모든 나선형 모양의 물건들이 달팽이의 껍데기를 본떠 창조된 것이라고 믿는다.

달팽이는 성장함에 따라 껍데기 입구에 있는 외투막에서 점액질을 분비한다. 몸통이 점점 커지면서 거기에 맞춰 껍데기 크기를 늘리기 위해서다. 19세기 박물학자 셜즈 우드는 『영국 패류학』*British Conchology*에서 달팽이의 껍데기가 '달팽이 몸통 자체의 중요한 일부'라고 지적했다. 그리고 애드거 앨런 포는 1839년 평소 자신의 문학 형식에서 훌쩍 벗어나 『패류학자의 첫 번째 책』*The Conchologist's First Book*에 서문을 쓰면서 평소와 다르게 "그 동물과 껍데기의 관계는 서로 밀접하게 의존하는데 둘 다 근본적으로 아주 중요하게 관찰해야 할 주제다"라고 말했다.

우리 달팽이의 껍데기는 중앙에서 시작해 다섯 바퀴 반을 완전하게 돌아 '소용돌이' 모양을 그렸다. 달팽이 껍데기가 얼마만큼씩 자랐는지 눈으로 알아볼 수 있는데 껍데기 출입구의 가장자리는 반들반들하고 말랑말랑한 넓적한 입을 이용해서 둥그스름하고 우아하게 다듬어져 있었다. 달팽이 껍데기의 모서리를 단단하게 만든 것이 바로 이 구부러진 입이었단 말인가? 어쩌면 그것은 일종의 붙박이용 빗물받이 같은 것인지도 모른다. 나는 머지않아 이 사소한 것이 달팽이가 다 자랐다는 사실을 입증하는 것임을 알게 될 터이다.

이탈로 칼비노가 쓴 단편소설집 『코스미코믹스』 *Cosmicomics*에 나오는 「나선」이라는 단편소설에서는 연체동물인 이야기꾼이 등장해서 껍데기를 만드는 기술을 상세히 설명하고 껍데기가 자기 몸체의 일부가 되는 과정을 회상한다. 그러나 자기가 만들고 싶었던 껍데기를 완성하고 나서 황홀경에 빠진 것은 엘리자베스 비숍의 시 「왕달팽이」에 나오는 달팽이 화자였다.

아, 하지만 나는 내 껍데기가 아름답다는 것을 알아.
게다가 높고 매끄럽고 반짝이기까지 하지. 나는 잘 알아.
비록 그것을 직접 본 적은 없지만 말이야.
동그랗게 말린 하얀 입술은 아주 멋진 광택을 뿜어내지.
안쪽은 비단결처럼 부드러워. 이제 나는 그 안을 가득 채우지.

달팽이 껍데기의 줄무늬는 중앙에서 대칭을 이루며 나선형으로 비스듬하게 배열되어 있다. 우리 달팽이 껍데기는 대다수 다른 달팽이들처럼 오른쪽에 출입구가 있고 줄무늬가 오른쪽으로 감아 올라갔다. 그러나 왼쪽에 출입구가 있고 줄무늬가 오른쪽으로 감아 올라가는 달팽이들도 있다. G. A. 프랭크 나이트는 퍼스셔의 학회 강연에서 달팽이 내부 구조에 대해 이렇게 말한다.

> 달팽이 껍데기의 내부가 나선형 계단이라고 생각한다면 오른쪽의 감아 올라간 달팽이 내부 계단을 올라갈 때 그 계단의 '축'은…… 언제나 우리 왼쪽에 있을 겁니다. 마찬가지로 왼쪽으로 감아 올라간 달팽이의 경우는 껍데기 내부로 올라가는 계단이 언제나 축의 오른쪽으로 둥글게 구부러져 있을 겁니다.

나선의 방향은 달팽이의 종류를 나누는 것에 영향을 미친다. 달팽이들은 껍데기 무늬가 서로 비슷한 종들 가운데서 짝을 찾아야 한다.

달팽이 껍데기는 상처가 나면 금방 다시 복원된다. 외투막에서 새로운 껍데기 물질이 분비되기 때문이다. 한 번 금이 가거나 깨진 곳은 마치 피부에 흉터가 생긴 것처럼 자국이 난다. 또 부서져 잘려나간 부위도 금방 복원된다. 1774년 올리버 골드스미스는 그것을 이렇게 설명했다.

이따금 이 동물들은 겉보기에 부서져 조각이 난 것 같기도 하고 어느 모로 보나 완전히 박살난 것처럼 보일 때도 있다. 하지만 그들은 여전히 작업을 멈추지 않고 며칠 뒤면 갈라진 모든 부위를 고쳐서…… 파손된 달팽이집을 다시 복원한다. 새로 때워진 부위들은 눈으로 쉽게 확인할 수 있는데 다른 곳보다 훨씬 더 선명한 색깔을 띠기 때문이다. 껍데기 전체로 볼 때 옛날 외투에 새로 헝겊 조각들을 기워 맞춘 것 같은 느낌이 조금 든다.

의학박사 조지 존스턴은 1852년에 펴낸 「패류: 그들의 습성과 행동」이라는 논문에서 달팽이 껍데기를 "인류가 지금까지 건설했던 가장 훌륭한 궁전들과 비교할 때 세부적인 복잡성이나 질서정연함, 정교한 마무리의 완성도 측면에서 손색이 없는, 아니 그보다 더 뛰어난 건축물!"이라고 찬사를 아끼지 않았다. 존스턴이 말한 '정교한 마무리'는 아마도 열대지방에 서식하는 화려한 색상에 반들반들 윤이 나는 조가비들을 말하는 듯하다. 그러나 숲에 사는 우리 달팽이의 껍데기는 형태가 아름답고 완벽하지만 색깔은 수수하고 광택이 나지 않는 흙색이었다. 중국 만다린어로 '달팽이집'을 '蝸居'(와거)라고 쓰고 '워지' wō jū라고 부르는데 '초라한 집'이라는 뜻으로 우리 달팽이에게 아주 잘 어울리는 말이다.

달팽이집은 둘둘 말아 올린 침낭을 생각나게 했다. 나는 옛날에 배낭 위에 침낭을 매달고 다녔다. 그러나 달팽이는 호모 사피엔스가 야영장비들을 발명하기 오래전부터 이미 자신의 방랑생활을 해결할 수 있는 완벽한 수단을 발전시켰다. 기원전 4~3세기경, 아테네의 시인 필레몬은 이렇게 노래했다. "달팽이는 도대체 얼마나 영리한 동물인가……. 우연히 나쁜 이웃과 마주치면 집 안으로 쏙 숨었다가 달아나지."

달팽이를 보호하는 튼튼한 껍데기는 외부에 있지만 나를 지탱하는 구조물은 내부에 있다. 그러나 내 몸 안의 골격을 구성하는 뼈들은 급속도로 기능을 상실하고 있었다. 나도 의사들도 그 문제를 해결하기 위해 할 수 있는 일이 거의 없었다. 척추동물로서 내 위상은 이제 말 그대로 무너지고 있었다. 이러다가 포유류가 아니라 복족류처럼 척추가 없는 연체동물이 될지도 모르는 일이었다. 게다가 겨드랑이에서 껍데기 물질을 분비하지 못한다면 달팽이집이 없는 민달팽이에 더 가까운 모습이 될지도 모른다.

　달팽이집의 겉모습을 관찰하다가 '그 안에 들어가 산다면 과연 어떤 느낌일까?' 하는 생각이 문득 들었다. 몸이 아프기 바로 한 달 전, 뉴욕에 있는 구겐하임 박물관에 갔다. 내부가 나선형으로 이어진 원형 홀을 따라 걷다가 순간 걸음을 멈칫했다. 걷는 도중에 우연히 천장을 쳐다보다 저 멀리 아래쪽 1층을 굽어보는데 갑자기 머리가 빙빙 도는 것 같았다. 통로가 나선 모양으로 경사를 이루며 아래층에서 꼭대기 층까지 빙글빙글 둥그렇게 이어져 있었기 때문이었다. 그때의 기억을 떠올리면서 '달팽이와 달팽이집의 크기 비율이 내 몸집과 구겐하임 박물관의 크기 비율과 같다고 한다면 아마도 내 머리는 아래쪽 주 출입구로 불룩 튀어나오고 내 몸은 나선형 통로를 따라 감아 올라가는 모습이 되지 않을까?' 하고 상상해보았다.

비법

내가 지나온 자유로운 항적은 반짝이고,
날은 점점 어두워지네.
남은 것은 아름다운 우윳빛 흰 띠.
나는 그것이 무엇인지 알지.
— 엘리자베스 비숍, 「왕달팽이」(1969)

수억 년 전, 우연히 바다달팽이들 가운데 일부가 육지에서 살 수 있는 특별한 형질을 지니고 진화했다. 그들은 건조한 육지의 위험한 거처에서 살아남기 위해 자신들의 몸을 늘 축축하게 유지해야 했다. 포유동물의 조상들이 몸에서 수분이 빠져나가는 것을 막기 위해 피부를 건조하게 진화시켰다면 달팽이와 같은 복족류는 그것과 정반대로 피부에 매우 끈적끈적한 점액을 분비하는 것으로 진화했다. 호모 사피엔스는 점액을 신체 내부에서 분비하지만 복족류는 우리가 아는 것보다 훨씬 더 많은 점액으로 몸통 외부를 완전히 덧칠한다.

끈적끈적한 점액을 기분 좋아할 사람은 분명 없을 것이다.

나도 지금까지 그것에 대해서 흥미를 느껴본 적은 한 번도 없었다. 정원에서 원예작업을 하고 들어오면 그때마다 곧바로 물과 비누로 몸에 묻은 흙을 깨끗이 씻어냈다. 그러면 정원 어딘가 있다가 우연히 맞부딪친 민달팽이—달팽이와 사촌지간이지만 그만큼 우아하지는 않다—가 분비한 점액 파편들이 마치 아교처럼 두 손에 착 달라붙어 떨어지지 않고 남아 있곤 했다. 그것을 손에서 떼어내려면 속돌이나 심지어 약간 거친 사포를 써야 할 때도 있었다.

민달팽이는 그것의 적나라한 모습을 보고 사람들이 짐작할 수 있는 것과 달리 진화계통수evolutionary tree에서 달팽이보다 앞에 있지 않다. 같은 달팽이였다가 점차 세월이 흐르면서 껍데기가 없는 달팽이로 진화한 것이었다. 그들은 껍데기가 없는 덕분에 달팽이보다 더 쉽게 모양을 바꿀 수 있어 더 작은 틈새로도 비집고 들어갈 수 있다.

생물학자 C. 데이비드 롤로와 윌리엄 G. 웰링턴은 복족류 생물들에 대해 "물을 안 빼면 움직이지도 못할 정도로 찬물이 가득 든 자루같이 생긴 녀석은 습지를 떠나서는 절대로 살아남을 수 없을 것이다"라고 재미나게 표현했다. 그러나 육상 복족류들은 그들을 위험에서 지켜주는 점액 덕분에 환경에 적응하며 번성할 수 있었다.

끈적끈적한 점액은 복족류의 생명을 유지하는 가장 중요한 요소다. 점액은 복족류가 이동하고, 몸을 방어하고, 치료하고, 구애하고, 짝짓고, 알을 보호하는 모든 생활에서 중요한 매개 구실을 한다. 우리 달팽이는 하루에 사용하는 전체 에너지의 3분의 1 정도를 점액을 생산하는 데 썼다. '다목적'용으로 한 종류의 점액만 만드는 것이 아니라 상황에 따라, 신체 부위에 따라 자기만의 다양한 점액을 생성했다. 달팽이는 훌륭한 요리사가 음식을 만드는 것처럼 여러 성분들을 각각의 특수 상황에 맞추어 적절하게 조절할 줄 알았다. 또 갑자기 짓눌리는 위기 상황에 처하면 생명을 구하고 상처를 치료하는 산화방지제와 재생 성분이 있는 점액을 대량으로 분비한다.

동물학자 마크 데니가 쓴 『연체동물』에 나오는 「연체동물의 점액 분비에 관한 분자생물역학」이라는 장을 훑어보다가 머릿속을 관통하는 두운법頭韻法(초성이 같은 글자를 반복해서 문장을 강조하는 방법—옮긴이)을 활용하여 강조한 문구를 만났다. "the macromolecular architecture of molluscan mucus"(연체동물 점액의 고분자 구조). 기술적으로 자세한 내용은 내 한계를 넘어서는 것이었지만 그 문구는 분명히 그 성분 자체가 어떻게 결합하는지, 다시 말해 소량의 염분과 단백질, 당분이 어떻게 수분의 양을 조절하는지와 관련이 있었다. 데니는 감탄을 금치 못하며 다음과 같이 지적했다. "비록 막대를 회전시켜 휘젓는다고 해도…… (연체동물의 점액은) 휘젓기를 멈추면 다시 제 모습으로 되돌아온다. 그리고…… 비커 밖으로 잡아당겨도 끊어지지 않을 정도로 강력한 인장 강도를 가지고 있다."

우리 달팽이는 이리저리 장소를 옮겨 다닐 때 '발 점액'이라고 부르는 이동용 특수 점액을 분비했다. 이 점액 덕분에 녀석은 이끼 위를 힘들이지 않고 미끄러지듯 기어다닐 수 있었다. 달팽이가 유리용기 벽면을 타고 올라갈 때 녀석의 발 바닥 아래로 이동하는 미세한 잔물결의 띠들을 볼 수 있었다. 이 잔물결의 띠들은 순간적으로 점액을 고체 상태에서 액체 상태로 바꿔서 이동할 때 마찰을 막고 1분에 몇 센티미터씩 앞으로 나아가게 하는 구실을 했다. 이렇게 한 발로 이동하는 방식은 우리 인간처럼 두 발로 직립보행을 하는 방식이나 개처럼 네 발로 걷는 방식보다 훨씬 오래된 이동방식이었다.

"〔달팽이는〕 마치 카펫 위를 걷는 것처럼, 이러한 점액 위로…… 나아간다"고 박물학자 올리버 골드스미스는 기록했다. 1902년 『실용 생물학』 *Practical Biology*의 저자 T. H. 헉슬리는 달팽이 발이 "잔물결이 일렁이는 것처럼 너무도 정교하게 수축하는 덕분에…… 달팽이는 칼날처럼 날카로운 표면도 쉽고 편안하게 기어 넘을 수 있다"고 설명했다.

점액을 분비하며 이동하는 방식은 네덜란드의 일부 혁신적인 생각을 가진 연구자들의 흥미를 불러일으켰다. 그들은 현재 내시경 검사를 편안하게 받을 수 있도록 인간의 창자 내벽에 점액을 분비시켜 달팽이처럼 이동할 수 있는 소형 로봇을 설계하고 있다. 달팽이의 습성 가운데 인간의 생체모방 기술에 적용할 만한 특성들이 또 있지 않을까 하는 생각이 들었다.

달팽이 발에서 분비되는 점액은 믿기 어려울 정도로 점착성이 강하다. 우리 달팽이가 연약한 이끼의 꼭대기 부위를 넘어가고 식물 줄기를 타고 수직으로 올라가고 잎사귀를 위아래로 자유자재로 옮겨 다닐 수 있는 것은 바로 이 점액 덕분이다. 달팽이가 중력은 안중에도 없다는 듯이 유리용기 벽면에 높이 달라붙거나 양치식물의 잎사귀 끝에 매달려 잠을 잘 수 있었던 것은 바로 이런 이유 때문이었다. 달팽이가 침대 밑으로 오는 동안 잠시 천장 예술에 대해 생각했다. 나는 가끔 내 위에 있는 하얀 천장 표면에 여러 가지 수평적 이미지들을 안전하게 붙일 수 있는 방법을 이리저리 생각해보곤 했다. 아마도 달팽이 점액을 이용한 아교가 가장 최적의 방법이 아닐까 싶었다.

달팽이 점액의 점착력은 근육으로 구성된 발과 어우러져 올림픽에 나가도 될 정도의 강력한 생물체를 탄생시켰다. 1886년에 발행된 『동물학자: 월간 자연사 저널』*Zoologist: A Monthly Journal of Natural History*에서 E. 샌드포드는 다음과 같이 기술했다.

달팽이의 힘을 시험하기 위한 실험

저녁 무렵 창문의 블라인드 위로 기어오르는…… 달팽이 한 마리를 보고는 도대체 그것이 얼마나 무거운 것을 끌 수 있을지 알고 싶은 마음이 들었다……. 마침 탁자 위에 놓여 있던 무명 실꾸리 네 개를 달팽이 껍데기에 매달았다……. 실꾸리 네 개는 모두 64그램이 나갔는데 달팽이 무게는 겨우 7그램 정도에 불과했다. 따라서 달팽이는 자기 몸무게보다 아홉 배나 무거운 것을 끌어올릴 수 있었다! 이번에는 몸무게가 9그램쯤 나가는 조금 더 큰 달팽이를 가지고…… 탁자에 수직으로 매달아 짐을 끌어올리는 또 다른 실험을 했다. 실꾸리 열두 개와 가위 두 개, 나사드라이버, 열쇠, 칼, 각각 하나씩 해서 모두 482그램을 달팽이 껍데기에 매달았다. 달팽이 무게보다 무려 51배나 더 무거웠다. 이 달팽이는 천장에 달라붙어서도 무게가 113그램쯤 나가는 물건을 껍데기에 매달고 이동할 수 있었다. 그다음으로 또 다른 달팽이에게 느슨하게 축 늘어진 보통의 실 한 가닥으로 같은 실험을 했다. 그 달팽이도 아주 쉽게 그 실을 끌어올렸다. 이어서 수평 상태에서 팽팽한 말총 한 가닥 위에서 같은 실험을 했다. 그러나 이번에는 짐이 하나도 없는데도 이 좁은 다리 위를 살금살금 기는 것조차 힘겨워 했다.

동물학대방지협회는 도대체 어디에 있단 말인가? 그 단체는 달팽이에 대해서는 전혀 관심을 기울이지 않고 있는 것이 분명했다. 어쩌면 더 큰 달팽이가 말총 한 가닥 위로 짐 나르기를 거부한 것은 당연한 일이었는지도 모른다. 적어도 그렇게 많은 실험에 동원되고도 완전히 기진맥진하지 않을 달팽이는 없을 테니까.

  달팽이들은 대개 점액 만드는 수고를 줄이기 위해 자기 또는 다른 달팽이들이 앞서 지나간 길을 다시 이용한다. 그들은 길바닥에 분비된 페로몬을 추적해서 그것이 적인지 친구인지 또는 짝이 될 달팽이인지 판단할 수 있다. 어떤 육상달팽이들은 발 앞쪽을 들고 앞으로 껑충 뛰면서 '질주'하기도 한다. 따라서 그들이 지나간 길에는 점점이 점액이 남겨져 있다. 이것은 점액 분비를 줄이거나 포식자들을 피하기 위한 속임수일 수 있다. 놀랍게도 어떤 달팽이 종은 꼬리 부분으로 서서 빠른 속도로 미끄러지듯 1분에 45센티미터나 나아간다.

  내가 만일 그렇게 미끌미끌하고 끈적끈적한 물질로 머리부터 발끝까지 뒤덮는다면 어떨까 생각하니 마음이 심란했다. 하지만 달팽이도 자신이 뜨거운 모래사장에서 일광욕을 한다고 생각하면 너무도 끔찍해할 거라는 생각이 들었다. 인간과 달팽이의 피부는 서로 다른 진화의 길을 밟았다. 따라서 서로 두려워하는 것도 정반대다.

4부

문화생활

〔달팽이들은〕 생식기관과 감각기관을 꽤 완벽하게 갖추고 있는 것으로 알려져 있다. 그들은 가볍고도 동시에 강력한 갑옷으로 몸을 보호한다. 그들은 필요한 만큼 활동적이다. 그리고 〔다른〕 동물들보다 더 자극적인 음식을 좋아한다. 요약하면, 그들은 매우 풍요롭고 부지런한 종족이다.
〔그들은〕…… 달아날 줄도 알고 남을 침략할 줄도 안다.
그들은 무언가 추구할 줄도 알고 누구를 미워할 줄도 안다.

― 올리버 골드스미스, 『지구와 살아 있는 자연의 역사』(1774)

The Sound of a Wild Snail Eating

은자들의 공동체

어디에 살든, 그는 홀로 사네.
제 몸을 빼고 가진 것은 아무것도 없어.
자기 자신이 온전히 보물임을
더할 나위 없이 흡족해할 따름이지.
— 윌리엄 쿠퍼, 「달팽이」(1731)

달팽이가 포토벨로버섯밖에 먹지 않으니 너무 물릴 것 같았다. 그래서 녀석에게 옥수수 녹말과 가루를 섞어 물로 촉촉하게 개어 주었다. 지역 협동조합 지도소에서 보낸 소책자에서 권한 것이 바로 이 식단이었다. 하지만 그것은 큰 잘못이었다. 달팽이가 과식하여 탈이 난 것이다. 달팽이는 비틀거리며 유리용기 꼭대기로 기어올라갔다. 심하게 체해서 고통받고 있는 것이 분명했다. 녀석은 몇 시간 동안 그곳에 머물면서 온갖 구멍으로 배설물을 쏟아냈다.

너무 안쓰러웠다. 녀석이 옥수수 녹말에 체해서 회복되지 않는다면, 너무 이기적인 생각인지도 모르지만, 늘 곁에 함께 있어주는 녀석도 없이 어떻게 나 혼자 이 질병을 이겨낼 수 있단 말인가? 그날 밤은 우리 둘 모두에게 끔찍한 밤이었다. 다시는 자연식이 아니면 어떤 것도 달팽이에게 주지 않으리라 맹세했다. 다음 날 아침, 녀석이 정상적으로 움직이며 평소에 다니던 길로 이동하는 모습을 보고 마음을 놓았다. 녀석은 유리용기 안에 부드러운 이끼가 끼어 있는 한쪽 구석으로 가서 잠시 눈을 붙였다.

숲에서 사는 달팽이는 숲 바닥에 깔려 있는 잡목 부스러기나 낙엽들이 썩어 층층이 쌓여 있는 부드러운 부엽토층을 가장 편하게 생각한다. 달팽이들은 '분해자'로 알려져 있는데 주로 죽은 것들을 먹어치우고 그것을 배설물로 분비하여 토양에 영양분을 되돌려주는 생태계에서 매우 중요한 위치를 차지하기 때문이다. 그들은 특별한 효소를 이용해서 섬유소를 소화할 수 있는데 달팽이가 종이를 아주 잘 먹는 것은 바로 이런 특성 덕분이었다. 숲 속 달팽이들이 살아 있는 식물을 먹는 경우는 매우 드문데 그럴 때가 있다면 대개 다 시든 잎을 먹는다. 달팽이 종 가운데 많은 종들이 포자번식을 하는 식물을 즐겨 먹는데 특히 버섯류를 좋아해서 심지어 인간들에게는 유해한 독버섯도 잘 먹는다. 땅속에서 자라는 버섯의 실처럼 생긴 균사체는 달팽이가 가장 좋아하는 먹이다.

달팽이들이 먹이를 채집하는 생활은 매우 복잡하다. 그들은 영양소 섭취를 균형 있게 하기 위해 식사를 다양하게 한다. 같은 곳에 사는 같은 종의 달팽이일지라도 저마다 자기 나름의 서로 다른 식사방식이 있을 수 있다. 그들은 새로운 먹이를 보면 호기심을 보이지만 매우 조심스럽게 접근한다. 먼저 아래쪽 더듬이로 샅샅이 검사한 뒤 아주 조금만 맛을 본다. 마침내 부작용이 없다고 확인한 뒤에야 비로소 먹기 시작한다.

흙 또한 달팽이들이 좋아하는 먹이 가운데 하나다. 흙은 달팽이집의 생장과 회복뿐 아니라 배란에도 아주 중요한 칼슘과 같은 필수 영양소를 제공한다. 이토록 칼슘은 달팽이에게 없어서는 안 될 중요한 무기물이기 때문에 냄새만으로 칼슘을 찾을 수 있는 육상동물은 달팽이가 유일하다고 한다. 간병인이 달걀 껍데기를 으깨서 유리용기 안에 넣자 달팽이는 갑자기 더듬이를 이리저리 흔들어대며 그것을 살펴보고는 곧바로 먹기 시작했다. 그때부터 달걀 껍데기가 있던 자리는 달팽이가 가장 즐겨 찾는 단골장소 가운데 하나가 되었다.

신선한 물이 담겨 있는 홍합 껍데기는 달팽이가 즐겨 찾는 또 다른 장소였다. 달팽이는 대개 그 작은 웅덩이에다 바로 입을 대고 물을 마셨다. 하지만 때로는 홍합 껍데기 안쪽으로 기어올라가서 진주색 홍합 껍데기에 발을 찰싹 붙이고 피부로 직접 물을 빨아들였다. '발로 물 마시기foot drinking'라고 알려진 달팽이의 함수含水방식이다.

대부분의 달팽이들은 해질녘 기온이 선선해질 때나 낮이라도 비가 그친 바로 뒤에 주로 활동한다. 습기가 촉촉하면 달팽이가 이동하기 쉽고 버섯이 잘 자라기 때문이다. 심지어 비가 내리는 날에는 실내에서도 달팽이의 움직임이 활발해졌다. 화분에서 지내던 몇 주 동안 달팽이는 내가 화분에 물을 줄 때 매우 좁은 지역에 집중적으로 폭우가 내렸는데도 신선한 식물이나 버섯이 보이지 않는 것을 알고 무척 당황했을 것이다.

야생에서 달팽이들은 저녁 무렵 낮 동안 숨어 있던 장소에서 나와 바람이 부는 쪽으로 이동한다. 아침이 오면 바람결에 풍겨오는 냄새를 따라 집으로 가는 길을 찾기 위해서다. 제비꽃 화분에서 사는 동안에는 그곳이 달팽이가 편안하게 잘 수 있는 유일한 곳이었기 때문에 하루 종일 나무 상자 주위를 돌아다니다가도 날마다 그와 같은 방식으로 다시 화분으로 돌아왔다. 하지만 유리용기로 주거지를 바꾼 뒤에는 그 안에 몸을 숨길 곳이 너무 많아서인지 그 가운데 아무데서나 잠을 잤다.

나이 든 달팽이들이 밤중에 먹이를 찾아 돌아다니는 곳의 넓이는 기껏해야 90제곱센티미터쯤이지만 젊은 달팽이들이 새로운 먹이를 찾거나 숨어 살 새로운 장소를 찾아 돌아다니는 범위는 그보다 다섯 배는 더 넓다. 많은 달팽이들은 자기가 알을 낳는 장소를 중심으로 아주 가까운 곳에서 생활한다. 식물학자 A. D. 브래드쇼는 한번은 이렇게 말했다. "기껏해야 내가 말할 수 있는 것은, 이를테면 〔이 달팽이 종이〕 식물 같은 것이라고 할 수 있다."

달팽이들이 군집을 이루는 곳은 대개 비탈진 언덕배기 같은 곳이다. 그들은 언덕이나 계곡 또는 심지어 잘린 통나무나 바위 사이의 습지 근처를 굴러다니는 나뭇잎 더미처럼 특정한 장소에서 산다. 한곳에 모여 사는 개체 수는 100마리 정도 되는데 그보다 더 적을 수도 있고 몇 킬로미터 안의 가까운 서식지까지 합하면 그보다 훨씬 더 많을 수도 있다. 어두워지면 각자 밖으로 나왔다가 날이 밝으면 잠을 자러 들어가는 은자들의 공동체가 문득 머릿속에 떠올랐다.

우리 달팽이가 그 작은 몸으로 얼마나 멀리까지 이동하는지 생각할 때 내가 몸을 움직이지 못하는 것은 너무도 뚜렷하게 비교가 되었다. 내 삶은 우리 달팽이처럼 바깥세상과 점점 더 고립되어가갔다. 몇 달이 흐르면서 친구들이 나를 만나기 위해 귀중한 주말시간을 포기하면서 자동차를 몰고 이곳까지 오는 것은 점점 더 어려워졌다. 밥 먹을 때 30분 동안만 간병인을 보는 것 말고는 찾아오는 사람 하나 없이 지내는 날들이 많았다. 나는 점점 더 세상과 멀어지고 있었다.

내 침대는 황량한 바다와도 같은 방 안에 외롭게 떠 있는 섬이었다. 그러나 나 말고도 전 세계 여기저기 흩어져 있는 수많은 시골 마을과 도시에는 다치고 병들어 집 안에만 틀어박혀 있는 사람들이 많이 있다. 우리는 모두 서로 볼 수는 없지만 하나의 공동체였다. 나는 비록 여기 침대에 누워 있지만 그들 모두와 연결되어 있음을 느꼈다. 우리도 또한 은자들의 공동체였다.

한밤중의 도약

이 길로 오고 있는
작은 달팽이
이제 어디로?
— 고바야시 이사

건강했을 때 어느 여름날이 기억난다. 몸이 끈적끈적할 정도로 몹시 눅눅했던 어느 깊은 밤에 나는 목이 말라 잠에서 깼다. 잠에 취해 눈을 뜨지 못한 채 맨발로 창으로 스며든 달빛이 비치는 마룻바닥을 따라 싱크대가 있는 부엌으로 물을 마시러 갔다.

그런데 갑자기 미끄덩하더니 몸이 허공으로 솟구치면서 무릎이 구부러지고 다리가 잠옷에 걸렸다. 잠시 동안이지만 그 상태로 꽤 오랜 시간이 지난 것 같았다. 하지만 그렇게 엎어질 뻔했다는 것을 깨닫지 못한 채 머릿속은 여전히 목이 마르다는 생각뿐이었다.

발에 밟힌 것은 다름 아니라 민달팽이였다.

넘어지지 않고 다시 서고 나서야 상황을 제대로 파악했다. 민달팽이 한 마리가 거기에 있게 된 까닭을 알기까지는 시간이 오래 걸리지 않았다. 그날 우리 집 주황색 앙고라 고양이가 서늘하고 습기가 많은 정원 한구석에서 낮잠을 잤던 게 틀림없다. 가끔씩 있는 일이지만 그때 민달팽이가 고양이의 가늘고 부드러운 털에 달라붙었다. 민달팽이는 고양이털에 몸을 숨긴 채 순식간에 집 안으로 들어온 것이다. 저녁때 고양이는 평소처럼 털을 고르면서 털에 붙은 민달팽이를 가까스로 털어냈다. 민달팽이는 갑자기 달려든 거미에게 잡아먹힐 뻔했지만 끈적끈적한 점액 덕분에 목숨을 건질 수 있었을 것이다. 민달팽이는 산 채로 그냥 버려졌다.

해가 지면서 실내 습도는 더 올라가고 민달팽이가 활동하기 좋은 조건이 마련되었다. 민달팽이는 거대한 포유류인 내가 어둠 속에서 자기를 향해 오고 있다는 것을 알아채지 못한 채 느긋하게 마룻바닥을 기어가고 있었다. 비록 몸무게가 4.8그램도 안 되는 민달팽이지만 몸에서 나오는 점액 덕분에 45킬로그램에 이르는 내 체중을 쉽게 떨쳐내고는 침착하게 가던 길을 계속 갔다.

만일 내가 그 정도로 거대한 동물을 우연히 만난다면—하이스미스가 쓴 소설에 등장하는 쿠와 섬의 거대한 식인 달팽이가 문득 떠오른다—나는 과연 어떻게 대항하고 도망칠 수 있을까? 나는 인간이 고안해낸 방어수단들 가운데 하나를 고르라고 할 때 달팽이의 점액보다 더 훌륭한 것을 전혀 생각해낼 수 없을 것이다.

몸집으로 말하면 포유류는 비정상적으로 크다. 세상에 존재하는 동물 종의 99퍼센트가 달팽이 크기만하거나 그보다 더 작다. 그것이 속한 동물계가 무엇이든 간에 몸집이 작으면 작을수록, 진화계통수에서 앞쪽에 있으면 있을수록, 그 동물이 지구상에서 차지하는 생태적 지위는 더욱더 중요하다. 달팽이와 벌레들은 토양을 비옥하게 만들고 청록조류는 산소를 만들어낸다. 그것에 비해서 포유류는 상대적으로 불필요한 존재인 것처럼 보인다. 아주 오랜 세월 동안 비생산적인 진화의 길을 밟아온 결과가 아닐까.

지금부터 35억 년 전, 지구 위에 생명체가 나타나기 시작했을 때, 달팽이와 내 조상은 같았다. 처음에는 단순하게 생긴 벌레였다가 시간이 흐르면서 서로 다른 두 종류의 동물군으로 나뉘며 진화했다. 발생 단계에서 처음에는 입, 그다음에 항문이 생긴 선구先口동물이 지금 내 곁에 있는 복족류 달팽이 종으로 분기分岐했다. 반면에 똑같은 특징을 가지고 있지만 조금 당황스럽게도 선구동물과는 순서를 바꿔서 처음에 항문, 다음에 입이 생긴 후구後口동물은 호모 사피엔스를 포함해서 포유류로 갈라졌다.

달팽이와 나는 둘 다 창자와 심장, 허파를 가지고 있다. 물론 나는 달팽이와 달리 허파가 둘이다. 둘 사이의 비슷한 점은 거기서 끝났다. 눈과 코 구실을 하는 변덕스러운 망원경처럼 생긴 더듬이와 띠처럼 보이는 이빨, 끈적끈적한 점액으로 뒤덮인 피부, 등에 짊어지고 이동하는 달팽이집들을 볼 때, 우리 둘이 같은 행성에서 생겨났다는 사실을 믿기 어려울 것이다. 1862년 찰스 다윈은 지질학자 찰스 라이엘에게 보낸 편지에서 "저는 포유동물과 연체동물을 공정하게 비교한다고 하면서 그동안 서로 지나치게 먼 관계로 여기지 않았나 생각합니다"라고 썼다.

종의 진화는 부분적으로 바이러스와 박테리아 병원체의 독특한 역사를 통해 이루어졌다. 그 병원체들은 세포 안에 있는 DNA 서열을 재배치함으로써 유전자들을 서로 연결하거나 끊어서 해당 종의 미래 세대들이 보유할 고유한 형질에 영향을 미친다. 캘리포니아 대학의 바이러스 연구소 소장 루이스 P. 비야레알은 심지어 일반 양성 바이러스들이 인간의 인지 능력과 사회화 능력 형성에 영향을 끼쳤을 수 있다고 주장한다. 또한 세균학자 티에리 하이드만은 비야레알과 마찬가지로 바이러스가 태반의 발달과 관련이 있다고 생각한다. 태반이 없었다면 인간은 지금도 여전히 알을 낳고 있을 것이다. 내 유전자 암호에 아직도 다른 동물들의 형질이 남아 있을지 문득 궁금해졌다. 무엇 때문인지는 모르지만 우리는 모두 '꺼진' 상태로 묻혀 있는 유전자들을 가지고 있다. 어쩌면 언젠가는 과학자들이 이렇게 꺼져 있는 유전자 스위치를 켜는 방법을 밝혀낼지도 모른다. 그래서 우리는 각자 자신들이 관심을 가지는 다른 동물의 형질을 고를 수도 있을 것이다. 예를 들면 꼬리나 줄무늬 털, 날개, 심지어 달팽이 더듬이 같은 형질을 자기 마음대로 선택할 수 있을지도 모른다.

나를 쓰러뜨린 미지의 바이러스는 어떻게 내 몸속의 세포 안에 들어와서 한 생명체의 운명을 바꿨을까 하는 생각이 들었다. 당장 건강을 되찾을 수 있는 유전자가 내 몸속에 있기

나 한 것일까? 내가 가장 알고 싶은 것이 바로 이것이었다.

먼지투성이의 연체동물 관련 책들을 더 깊숙이 파고들면서 전체 연체동물의 80퍼센트를 차지하는 복족류가 가장 성공한 동물군 가운데 하나라는 사실을 알았다. 그들은 여러 차례 대량멸종의 위기 속에서도 끝까지 살아남거나 재진화하면서 5억 년 동안 존재했다. 그들은 지구 위에 있는 거의 모든 서식지에다 집을 짓는다. 지금까지 지구상에 살고 있는 육상달팽이의 종류가 3만 5,000종이라고 알려져 있지만 아직까지도 밝혀지지 않은 종이 수만 종에 이른다. 1879년, 어니스트 잉거솔이 논문에서 밝힌 것처럼 이들 가운데 대다수는 현미경으로나 볼 수 있을 정도로 매우 작다. "어떤 것(달팽이 종)은 너무 작아서 이 인쇄물에 있는 'o'자도 가리지 못할 것이다."

우리 호모 사피엔스는 자신들이 이 지구를 책임지고 있다고 생각하지만 사실은 그 반대라는 명백한 증거가 여기 있다. 보잘것없어 보이는 달팽이와 그 일족들은 지구의 역사로 볼 때 아주 최근에 생겨난 우리보다 훨씬 더 역사가 깊고 더 오랫동안 땅에 발붙이고 산 동물이다. 복족류가 『뉴욕타임스』의 1면 헤드라인을 장식하고 포유류, 특히 인간은 뒷면으로 물러나는 것이 마땅하다고 생각했다. 그러나 수많은 이빨이 달린 치설과 섬유소를 소화시키는 효소, 앞을 볼 수 없는 우리 달팽이는 그 신문을 읽는 것보다는 먹는 것을 더 좋아했다.

육상달팽이들은 행동반경이 기껏해야 몇 미터도 안 되고, 1분에 몇 센티미터 이동하지도 못하는데 어떻게 전 세계 대륙에 자리 잡을 수 있었을까? 달팽이에게 그렇게 빨리 이동할 수 있는 수송수단을 제공한 것은 앞서 밝혀진 것처럼 우리 집 고양이만이 아니었다. '연체동물학자'인 팀 피어스는 복족류를 전문으로 연구한다. 그는 달팽이 껍데기에 실을 매달아 한 달팽이 집단이 밤중에 이동하는 경로를 추적했다. 그랬더니 한 달팽이는 뾰족뒤쥐에 붙어서 약 25미터를 이동했는데 땅굴 속으로 약 1미터 이상 내려간 뒤에야 여행이 끝났다.

1억 5,000만 년 전, 우리 달팽이의 조상들은 어쩌면 몸무게가 50톤이나 나가는 공룡들을 우연히 집어타고 이동했을지도 모른다. 이 거대한 말들은 달팽이들에게 훌륭한 식사를 제공했을 수도 있다. 달팽이들이 공룡의 똥으로 풍성한 연회를 즐겼다는 것이 화석의 발견으로 밝혀졌다. 지금부터 1만 3,000년 전까지 거대동물 메가파우나megafauna가 살았던 북아메리카 대륙에서 달팽이는 거대한 초식동물인 나무늘보와 코끼리 그리고 아마도 당시 가장 빨랐을 사자나 치타 같은 강력한 칼날 이빨을 가진 고양잇과 동물들을 타고 이동했을 수도 있다.

그러나 이러한 다양한 수송수단들도 육상달팽이가 먼 바다 한가운데 있는 여러 섬들까지 어떻게 이동할 수 있었는지는 설명해주지 못한다. 찰스 다윈이 깊이 고민하고 초조하게 생각했던 문제도 바로 이것이었다. 1856년 9월 28일, 다윈은 박물학자 필립 고스에게 "육상 연체동물들의…… 수송수단들은…… 정말 저를 곤혹스럽게 합니다"라고 편지를 썼다. 며칠 뒤, 다윈은 또 육촌 형제이자 박물학자인 윌리엄 폭스에게 보낸 편지에서 "바다에 있는 섬들까지…… 분포하게 만든 수송수단들이 무엇인지를 두고…… 이렇게 나를 골치 아프게 하고 의혹과 곤경에 빠뜨린 대상은 지금까지 아무것도 없어요. 육상 연체동물은 정말 나를 미치게 만드는군요"라고도 썼다. 정말로 육상달팽이들은 다윈을 괴롭혔다. 다윈은 그해 12월에도 식물학자 조지프 후커에게 편지를 보내서 "지난 15개월 동안 모든 해양 섬들에서 발견되는 육상 연체동물들 때문에 고통과 번민에 휩싸였습니다"라고 불평을 쏟아냈다.

1859년, 다윈은 나중에 『종의 기원』에 기록한 것처럼 겨울잠을 자는 달팽이 한 마리가 혹시 "바다의 넓은 만을 가로질러 떠도는 통나무의 갈라진 틈에 들어가 표류했을 수도 있지 않을까" 하고 생각했다. 다윈은 일반적으로 사용하는 과학적 연구방법에 따라 실험하기 시작했다. 그는 여러 개의 컨테이너에 바닷물을 채우고 그 안에 겨울잠을 자고 있는 살아 있는 달팽이들을 넣었다.

〔달팽이 한 마리가〕 20일 동안 바닷물 속에 들어가 있었는데 나중에 산 채로 다시 발견되었다. 그동안에 평균 속도로 흐르는 해류가 그 달팽이 껍데기를 지리적으로 1,000킬로미터쯤 떨어진 곳까지 운반해갔을 수도 있었다.

이렇게 설명이 가능해지자 다윈은 크게 안도하면서 조지프 후커에게 편지를 썼다. "이제 내 등을 짓누르던 1,000파운드나 나가는 무거운 짐을 벗어버린 것 같은 기분입니다."

그러나 다윈은 『종의 기원』에서 "하지만 육상달팽이들이 대개 그런 식으로 옮겨졌다는 것은 전혀 사실이 아니다. 오히려 새들이 옮겼을 가능성이 더 크다"고 결론지었다.

다윈의 분포 이론은 나중에 맞는 것으로 밝혀졌다. 달팽이는 철새들이 먼 거리를 이동할 때 몰래 깃털에 달라붙었을 수도 있다. 좀더 가까운 거리를 날아가는 경우는 벌의 다리에 달라붙어 이동했다고 알려져 있다. 또 새들이 둥지를 지으려고 물어온 나뭇가지나 덤불에 들러붙었을 수도 있다.

낙엽에 달라붙어 있던 달팽이는 폭풍에 휘말려 마치 마법의 양탄자를 탄 것처럼 먼 이국땅에 내려앉았을 수도 있다. 심지어 현미경으로나 볼 수 있을 정도로 아주 작은 달팽이들은 기류를 타고 공중으로 올라가서 지구 대기권에 서식하는 아주 미세한 동식물들과 결합했을 수도 있다. 그들은 꿈에도 생각지 않은 먼 거리를 떠다니다가 마침내 폭풍우와 함께 땅으로 떨어졌는데 그곳이 마침 달팽이가 점액을 분비하며 이동하기 쉽고 신선한 버섯들을 찾을 수 있는 완벽하게 습한 곳이었을 수도 있다.

지금 내 곁에 있는 달팽이의 가족은 수백만 세기 동안 여러 동물들과 강과 바다, 바람을 타고 떠돌다가 내가 머물고 있는 이곳 근처 숲에다 서식처를 마련했다. 이 달팽이가 인간이 다니는 오솔길을 가로지르게 된 것은 순전히 우연이었다. 때마침 그곳을 지나가던 내 친구가 달팽이를 보고 멈춘 것 또한 우연이었다. 이제 우연히 한 인간 때문에 내 침대 밑으로 옮겨진 우리 달팽이의 뜻하지 않은 여정도 오랜 세월에 걸친 달팽이들의 이동의 역사에서 한 페이지를 장식하게 되었다.

생각하는 달팽이

뭘
그리 골똘히 생각하니
달팽이야?
— 고바야시 이사

내가 세상일에 대해 알고 있는 것만큼이나 달팽이도 자기가 사는 세상일에 대해 잘 알고 있을 거라는 생각이 들었다. 그래서 달팽이의 지능에 관해 알고 싶어졌다. 복족류에 대한 과학책들을 뒤적이다가 달팽이의 두뇌를 설명하는 부분에 시선이 꽂혔다. 달팽이는 종에 따라 5,000개에서 10만 개까지 거대 신경세포를 가지고 있다.

달팽이는 기억력이 있다. 새로운 냄새와 맛을 감지하면 몇 주 또는 몇 달 동안 기억해두었다가 거기에 맞춰 행동할 줄 알았다. 연체동물을 연구하는 론 체이스는 "달팽이가 두뇌가 없다고…… 생각하는 사람들이 너무도 많다"라고 썼다.

인간과 마찬가지로 달팽이도 나이가 들면 그보다 어린 달팽이에 견주어 학습 능력이 뚜렷이 떨어진다. 달팽이가 무서워하는 상황들도 많이 있다. 심지어 오늘날 과학자들은 달팽이가 위험에 반응하는 것을 설명하기 위해 두려움이라는 용어를 쓴다.

1888년, 이름이 알려지지 않은 한 저자는 「달팽이와 달팽이집」이라는 논문에서 달팽이가 "지능이 없다는 것은 전혀 말이 안 된다. 오히려 잔잔한 물이 깊다는 격언의 좋은 예라고 할 수 있다"라고 단언했다. 같은 세기의 독일인 박물학자 로렌츠 오켄은 『자연철학의 요소』 *Elements of Physiophilosophy*에서 열변을 토했다.

> 용의주도함과 통찰력은 [달팽이의] 생각에 담겨 있는 것처럼 보인다……. 느릿느릿 기어다니는 달팽이의 모습은 그 얼마나 위엄 있고, 생각이 깊고, 진지하며 수줍어하면서도 동시에 단호하고 자신만만한가! 정말로 달팽이는 내면에 깊이 잠자고 있는 숭고한 정신의 상징이라고 아니할 수 없다.

심지어 오늘날 연체동물학자들도 일개 복족류의 삶이 얼

마나 복잡한지 대부분 인정하는 분위기다. A. J. 케인은 『연체동물』에 나오는 '육상 연체동물 개체군'이라는 장에서 "민달팽이 혹은 달팽이의 삶을 진정으로 이해하려면 그들의 삶 전체 역사를 고려하지 않으면 안 된다"라고 설명했다. 생물학자 테레사 오드서크와 제럴드 오드서크는 '복족류 연체동물의 행동'이라는 장에서 "연구자들 스스로 '달팽이처럼 생각하는 법'을 배우면서…… 〔달팽이의〕 학습 능력이 생각했던 것보다 훨씬 더 놀라운 기술이라는 사실을 알게 된다"고 아주 공손하게 썼다.

달팽이가 힘든 상황에 처했을 때 어떻게 행동하는지 설명한 부분은 내 호기심을 자극했다. 찰스 다윈이 쓴 『자연선택』*Natural Selection*의 원고에 나오는 '동물의 지력과 본능'이라는 장에 다음과 같은 구절이 나온다.

W. 화이트 씨가…… 바위틈에 육상달팽이 한 마리를 끼워 넣었다. ……그러자마자 달팽이는 몸을 있는 대로 밖으로 내밀며 발을 수직으로 뻗어 위에 붙이고는 껍데기를 일직선으로 잡아당기려고 애썼다. 몇 분 쉬고 나서 몸을 오른쪽으로 뻗어 최대한 당겨보았지만 바위틈에서 빠져나오지 못했다. 다시 잠

시 쉰 다음, 이번에는 발을 왼쪽으로 내밀고 온 힘을 다해 잡아당기자 틈새에 낀 껍데기가 밖으로 쏙 빠졌다. 달팽이가 이렇게 세 방향으로 힘을 쓴 것은 매우 기하학적으로 생각했기 때문이 아닌가 싶은데, 어쩌면 단순히 본능적으로 그렇게 한 것인지도 모르겠다.

내가 만일 바위틈에 끼였다면 나 역시 달팽이와 비슷한 방법으로 빠져나오려고 애썼을 것이다. 이것은 본능이 어디서 끝나고 지능이 어디서 시작되는지 매우 대답하기 어려운 문제를 제기한다. 우리 달팽이는 내가 하는 것처럼 순간순간 먹고 쉬고 잠자는 것에 대한 의사결정을 내리면서 (또는 결정을 유보하면서) 자기 삶을 살아갔다. 달팽이가 배우고 기억할 줄 안다면 그것은 적어도 어느 수준에선가 생각할 줄 안다는 뜻이다. 나는 분명히 그럴 거라고 믿었다. 누군가가 (가급적이면 달팽이가) 그렇지 않다는 것을 증명할 수 있을 때까지 나는 이 믿음을 지킬 것이다. 달팽이의 삶은 내가 아는 누구나의 삶처럼 맛있는 음식, 편안한 잠자리, 즐겁거나 힘들 수도 있는 미지의 모험들로 가득하다.

곧 알게 되겠지만 달팽이들은 그들의 특별한 로맨스를 빼고 나면 매우 고독한 삶을 산다. 그들의 행동은 포유류나 곤충들보다는 더 단순하지만 벌레들보다는 훨씬 더 앞선, 중간 정도의 복잡성을 띠는 것으로 알려져 있다. 나는 달팽이들끼리 서로 완벽하게 소통하는지 궁금했다. 찰스 다윈은 1871년에 『인간의 유래』 *The Descent of Man*라는 책에서 한 동료 과학자의 관찰을 자세히 이야기한다.

론스데일 씨는 육상달팽이 두 마리를…… 환경이 열악한 자그마한 정원으로 내보냈다고 내게 알려왔다. 그 가운데 한 마리는 몸이 허약했다. 그런데 얼마 안 있다가 건강하고 힘 좋은 달팽이가 모습을 감추었다. 담 너머로 난 달팽이 점액 자국을 따라 추적한 결과, 그 달팽이는 환경이 좋은 인근 정원으로 옮겨간 것이었다. 론스데일 씨는 그 달팽이가 병약한 짝을 버렸다고 생각했다. 그러나 24시간이 지난 뒤 그 달팽이는 다시 돌아와서 남아 있던 달팽이에게 자신이 탐색한 결과를 알려준 게 분명했다. 왜냐하면 두 마리 모두 같은 길을 따라 이동하기 시작하더니 곧이어 담 너머로 사라졌기 때문이다.

이 달팽이 두 마리가 서로 더듬이를 맞대었을까? 만일 그렇다면 그런 신체접촉과 서로의 냄새, 페로몬을 통해 무슨 정보를 전달했을까? 홀로 남은 달팽이는 만일 생식과 유전자 생존을 보장할 동종의 또 다른 달팽이가 거기 있었다면 그냥 거기 남지 않았을까? 오늘날 연체동물학자들은 달팽이들이 한 달팽이하고만 영원히 짝을 이룬다고 믿지 않지만 론 스데일의 설명이 사실이라면 복족류가 동족을 선택할 수 있다는 것을 암시한다. 너무 아파서 스스로 발 점액을 분비할 수 없는 달팽이는 다른 동료가 앞서간 길을 따라서 훨씬 쉽게 이동할 수 있었을 것이다.

나뭇잎에서 사는 진딧물은 포식자가 나타나면 크기가 아주 작은 새끼들에게 진동신호를 보내서 주위를 경계하도록 한다. 그리고 개미들은 비록 소리신호를 전달하지 못한다고 알려져 있지만 과학자들은 많은 동물 종이 소리를 기반으로 하는 어휘를 사용한다는 사실을 밝혀냈다. 달팽이 세계도 소리가 없지만 그렇다고 자기들끼리 소통할 수 있는 수단이 전혀 없는 것은 아니다. 생물학자 로만 비쉬니액은 연못의 물 한 방울에 사는 극히 작은 동물들이라도 그들 나름의 개성과 상호관계, 다툼이 있다는 사실에 언제나 경이로움을 느꼈다. 다른 종이나 동물 집단이 어떻게 서로 소통하는지 완벽하게 이해할 수 있는 동물은 우리 자신을 포함해서 어떤 종도 없지 않을까?

나는 달팽이의 지능을 존중했다. 따라서 협동조합 지도소가 보내온 달팽이 양식 관련 책자를 찬찬히 읽어나가는 것은 고통스러웠다. 달팽이들은 예로부터 건강식의 재료였고 거의 모든 질병을 치료하는 약재로 쓰였다. 그러나 달팽이를 살찌우는 방법을 읽는 동안은—특히 옥수수 분말 사고 이후로—매우 마음이 심란했다. 나는 그 책을 읽는 동안 내 작은 친구 달팽이가 어떤 종류의 텔레파시 능력도 가지고 있지 않기를 간곡히 바라면서 시선을 마주치지 않으려고 애썼다. 하지만 달팽이에게 그런 능력이 있다면 그 자신이 바로 나를 살아 있도록 도와주는 아주 중요한 존재임을 이해하기를 바랐다.

그러나 고대 로마인들은 그러한 양심의 가책을 전혀 느끼지 않았다. 그들은 음흉하게도 달팽이들을 만족시켜주면서 다른 한편으로는 도망가지 못하도록 하기 위해 물이 가득 찬 해자로 둘러싸인, 초목이 무성한 낙원 같은 정원에 살아 있는 달팽이들을 풀어놓았다. 하지만 내가 만일 양식 달팽이라면 오늘날 기업농들이 화학약품으로 기른 유전자 조작 옥수수를 먹기보다는 차라리 고대 로마인들이 기른 신선한 유기농산물을 먹을 것이다.

양식 달팽이들 가운데 자신의 운명에 만족하지 않는 달팽이들은 과거나 지금이나 틈만 나면 도망칠 방법을 찾았다. 19세기 중반 조지 헤드 경은 로마의 한 노점시장에서 팔려고 내놓은 달팽이들의 한결같은 생존본능을 묘사했다. 조지 경은 "달팽이를 팔러 나온 상인은 바구니 밖으로 기어 나와 도망치려고 끊임없이 발버둥치는 달팽이들을 다시 바구니 안에 주워 담기 위해서 신경을 곤두세우고 민첩하게 움직이지 않으면 안 된다"고 기록했다.

미 농업부의 달팽이 양식 게시판에는 갇혀 있는 달팽이들이 도망치려고 서로 힘과 기술을 합쳐 연합체를 만들 수도 있다고 쓰여 있다. 식용 달팽이 요리가 메뉴판을 우아하게 장식하고 그들을 끓일 물이 기다리고 있는 레스토랑으로 실려 가는 도중에 화물 상자에 빼곡히 들어차 있을 수많은 달팽이들을 상상해보았다. 달팽이들이 한 마음으로 힘을 합쳐 근육질의 머리를 상자 위로 힘차게 밀어내자 뚜껑이 휙 하고 날아가면서 한 마리씩 자유를 향해 천천히 하지만 단호하게 상자 밖으로 미끄러지듯 빠져나오는 모습을 그려본다.

깊은 잠

"나는 이제 세상과 인연을 끊을 거야.
거기서 일어나는 어떤 일도
내게 중요한 것은 아무것도 없어."
달팽이는 자기 집으로 들어가 입구를 막아버렸다.
— 한스 크리스티안 안데르센, 「달팽이와 장미 덤불」(1861)

달팽이는 먹을 것이 만족스럽지 않거나 날씨가 마음에 안 들면 그냥 잠자리로 간다. 심장박동 수는 느려져서 1분에 몇 번 뛰지 않고 산소 흡입량은 활동할 때보다 50분의 1로 줄어든다. 아마도 그것은 내가 하릴없이 시간을 날려버리면서 불면증에 시달릴 때 나타나는 증상인지도 모르겠다. 그러나 그러한 증상은 달팽이가 진화를 통해 획득한 특성 가운데 가장 훌륭한 것으로 보였다. 달팽이는 잠자는 미녀처럼 주변 환경이 좋아질 때까지 깨어나지 않을 수도 있다—비록 립 밴 윙클Rip Van Winkle(워싱턴 어빙이 쓴 『스케치북』에 나오는 주인공으로 심성은 착하지만 돈 버는 일이나 가족 돌보는 일에 게으르고 무능한 사람으로 흔히 시대에 뒤떨어진 사람을 대표함—옮긴이)처럼 깨고 나서 격세지감을 느낄지도 모르지만.

여름철 동안 날씨가 너무 건조하고 바람이 많이 불거나 햇살이 너무 뜨거우면, 또는 먹을 것이 너무 부족하다 싶으면 달팽이는 '여름잠'이라고 부르는 일종의 휴면상태로 들어간다. 식물이나 나무 또는 담 위로 기어올라가 땅에서 올라오는 열기를 피하고 자신을 잡아먹으려고 덤비는 포식자나 홍수로부터 몸을 보호한다. 안전한 장소를 발견하면 달팽이는 점액을 분비해서 몸을 바닥에 단단히 붙이고는 대개 달팽이 집 입구를 위로 향하게 한다. 날씨 변화를 점검하기 위해서다. 그런 다음에 점액을 뿜어 만든 임시 문짝으로 입구를 밀봉한다. '동개'冬蓋라고 부르는 이 석회질의 얇은 막으로 된 덧문은 온도와 습도의 변화로부터 달팽이를 보호한다. 달팽이는 보통 몇 주 또는 몇 달, 심지어 몇 년 동안 여름잠을 자기도 한다.

달팽이는 겨울이 와서 날씨가 더 추워지고 낮의 길이가 더 짧아지면 여름잠이 아니라 겨울잠을 잔다. 때로는 해마다 겨울잠을 자기 위해 같은 장소로 돌아오는 달팽이들도 있다. 1835년, 윌리엄 커비는 『동물의 역사와 습성, 본능에 관하여』 On the History, Habits and Instincts of Animals에서 달팽이가 겨울잠을 자기 위해 사전에 어떤 행동을 하는지 다음과 같이 묘사했다.

> 달팽이들은 가을의 한기를 느끼는 순간 먹는 것을 멈추고 겨울잠을 잘 준비를 하기 시작한다……. 각자…… 자기 껍데기까지 집어넣을 수 있을 정도로 큰 구멍을 판다. 발바닥에서 분비되는 상당히 많은 양의 점액으로 흙과 마른 잎사귀들을 쌓아서 한쪽에 모아둔다. 또다시 흙과 잎사귀를 모아 쌓아두는 식으로 반복하다 보면 마치 벽처럼 주위를 둘러싼 모양이 된다……. 달팽이는 벽면을 눌러서 부드럽고 단단하게 만든다. 둥근 모양의 지붕이나 덮개도 같은 방식으로 만들어진다……. 〔따라서〕 달팽이는 발을 회반죽을 할 때 쓰는 삽이나 그것을 나를 때 쓰는 지게로, 그리고 그것을 적당히 고르게 펼치는 흙손으로 사용한다. 달팽이는 마침내 일을 마무리하고 아늑하고 안락한 은신처를 완성한다.

달팽이는 자기 몸에 꼭 맞게 은신처를 완성한 뒤에 동개를 만드는데 여름잠을 잘 때는 한 겹으로 얇게 만들지만 겨울잠을 잘 때는 그것보다 더 두껍게 만든다. 또 겨울에는 달팽이 종에 따라, 추위의 정도에 따라 동개를 여러 겹으로 만들 수도 있다. 어니스트 잉거솔은 「달팽이 사육장에서」라는 수필에서 이것을 자세히 설명한다.

달팽이는 껍데기 속으로 들어간 뒤 끈적끈적한 점액으로 된 얇은 막을 껍데기 입구에 친다. 모형 북 가죽처럼 팽팽하고 단단하게 만든다. 날씨가 더 추워지면 몸을 더 안쪽으로 움츠리고 또 다른 '동개'를 만든다. 그렇게 하기를 반복하다가 마침내…… 달팽이는 자기 집 가장 깊은 곳에서 몸을 돌돌 말고 아늑하게 잠을 잔다.

「달팽이와 달팽이집」을 쓴 익명의 저자는 이 끈적끈적한 판막들이 "이중창 원리에 따라 막 사이에 공기층을 형성해서 〔달팽이들이〕 추위를 효과적으로 막아낼 수 있게 한다"고 설명한다.

나는 달팽이가 동개를 만드는 것에 대한 생각을 멈출 수 없었다. 동개의 설계 모양은 달팽이 종에 따라, 또 지역의 날씨조건에 따라 다르다. 얇고 단순한 것도 있고 두껍고 정교한 것도 있다. 이 작은 문들은 건축물로 치면 예술작품에 가깝다. 혹독한 추위도 견뎌낼 수 있는 이 훌륭한 문은 비록 용도가 일시적이기는 하지만 달팽이가 사느냐 죽느냐를 결정하는 중요한 요소다. 동개는 또한 철저하게 사적이다. 달팽이는 집에 있지만 손님을 받지는 않는다.

낮 시간이 길어지고 기온이 올라가면 달팽이는 겨울잠에서 깬다. 올리버 골드스미스는 "겨우내 그렇게 오랫동안 잠들었던 달팽이는 날씨가 따뜻한 4월이 되면 잠에서 깨어 동개를 뜯고 먹을 것을 찾기 위해 밖으로 나온다"고 말한다.

일부 인간들을 포함해서 많은 동물들이 계절에 따라 멀리 떨어진 곳으로 집단이동을 하는 것과 달리 달팽이는 이러한 휴면습성 때문에 한곳에 정착한다. 달팽이가 돌아다닐 수 있는 행동반경이 얼마 되지 않는 것을 감안할 때 이러한 습성은 매우 적절한 것이라 할 수 있다. 프랑스 시인 자크 프레베르는 「장례식에 가는 달팽이들의 노래」라는 시에서 땅에 떨어진 가을 낙엽 한 장의 장례식에 가고 있는 달팽이 두 마리를 노래했다. 달팽이 두 마리는 목적지를 향해 간다. 그런데 마침내 장례식장에 도착하고 보니 계절은 봄으로 바뀌었고 모두가 다시 행복해한다는 이야기다.

어떤 달팽이들은 휴면하는 중에도 전 세계를 끊임없이 돌아다녔다. 「달팽이와 달팽이집」을 보면 19세기에 일어난, 겨울잠을 자고 있던 달팽이들의 강제이동에 대한 이야기가 나오는데 이건 내가 가장 좋아하는 이야기다.

모스 교수는 단단한 얼음덩어리들 속에 냉동되어 있다가 나중에 다시 살아난 어떤 달팽이 종을 보았다고 한다……. 달팽이들은 2년 반 동안 약통 속에 꼼짝없이 갇혀 있었지만 다시 살아났다. 또 1846년 3월 25일, 영국박물관의 한 액자에 달라붙어 있던 이집트산 달팽이 한 마리는 미지근한 물에 담그자 놀랍게도 4년이라는 세월이 흘렀음에도 완벽하게 다시 생기를 되찾았다.

나는 지난 빙하기 때 달팽이들에게 무슨 일이 일어났는지 궁금했다. 그래서 연체동물학자 팀 피어스에게 달팽이가 점점 다가오는 빙하를 피해 달아날 수 있었다고 생각하는지 물었다. 그는 지금보다 더 컸을 육상달팽이들 가운데 일부가 매우 느리게 흐르는 빙하보다 더 빨리 이동했을 수 있다고 추측했다. 하지만 아주 작은 달팽이는 빙하를 미처 피하지 못했을 거라는 생각이 들었다. 빙하가 점점 가까이 밀려오면서 기온이 점점 더 떨어졌을 테고, 달팽이는 그것에 대응해서 굴을 파고 겨울잠을 잤을 것이다. 그리고 빙하가 그 위로 넘쳐흘렀을 것이다. 아무리 달팽이가 겨울잠을 잔다고 해도 10만 년 동안 깊은 잠에 빠져 있을 수는 없었으리라.

결국 나는 달팽이가 지닌 여러 가지 능력이 부러웠다. 나도 달팽이처럼 당장 동개를 만들어 나를 둘러싼 시련들을 피할 수 있으면 좋으련만. 비록 달팽이처럼 자기 몸무게보다 몇 배 더 큰 힘을 가질 순 없다고 할지라도 그냥 정상적인 기력만이라도 되찾을 수 있으면 좋으련만. 담장 위로 기어올라가거나 천장 위에 매달릴 줄은 몰라도 내가 속한 종들과 마찬가지로 서서 걸을 수만 있다면 얼마나 좋을까. 내가 틀어박혀 있는 질병의 틈바구니에서 어서 빠져나오고 싶었다.

과학계가 우리처럼 병에 걸린 사람들을 고칠 수 있는 방법을 찾아내지 못하고 달팽이 걸음처럼 느리게 진행되고 있는 동안은 그냥 휴면상태에 있다가 안전한 새 치료법이 발견되었을 때 비로소 깨어날 수 있다면 얼마나 좋을까! 병든 사람들에게 왜 그런 놀라운 능력이 주어지지 않는 걸까? 어느 나라에 기근이 닥쳤을 때 모든 인구가 다시 곡식이 무르익는 철이 올 때까지 안전하고 평화로운 방식으로 휴면상태에 들어가 힘든 시기를 이겨낼 수 있다면 어떻게 될까?

5부

사랑과 신비

동물의 왕국에 있는 모든 종은 하나같이

온갖…… 생명의 신비로 우리의 호기심을 자극한다.

— 카를 폰 프리슈, 『생물학자는 기억한다』(1967)

The Sound of a Wild Snail Eating

비밀스러운 삶

비 한 방울 맞은
달팽이
문을 닫네.
— 요사 부손(1716~1783)

달팽이가 자기 몸을 어떻게 방어하는지 알고 나서 처음에는 놀랐지만 나중에는 우러러보지 않을 수 없었다. 그 동물이 속한 과와 종이 무엇이든 세상은 위험으로 가득하다. 따라서 우리 달팽이도 그러한 위험에 대해서 능동적이든 수동적이든 온 힘을 다해 대응해야 했다. 물론 어떤 동물의 생존방식은 다른 동물들에게 낯설어 보일 수도 있다.

달팽이를 잡아먹는 포식자들은 크고 작은 포유동물에서 양서류, 새, 그리고 개미나 지네, 딱정벌레, 미세한 기생충을 포함하여 다양한 곤충까지 모두 망라한다. 심지어 어떤 거미 종들은 식용 달팽이를 먹으러 자주 들락거린다. 시몬 폴라드와 로버트 잭슨이 『육상 연체동물의 천적』*Natural Enemies of Terrestrial Molluscs*이라는 책에서 지적한 것처럼, 거미가 달팽이에게 독액을 주입하기 위해서는 "매우 가까이 가야 하는데⋯⋯ 그것은 달팽이가 내뿜는 점액을 얼굴에 온통 뒤집어써야 한다는 것을 뜻한다. 그것은 대다수 거미들에게 한 끼 식사를 위해 치러야 하는 대가로 생각하기에는 도저히 용납할 수 없는 일일 것이다."

우리 달팽이는 그런 사실을 아주 잘 알고 있었다. 어떤 방어술은 너무도 미묘해서 실제로 방어를 하고 있는 건지 아닌지 알 수 없을 정도였다. 단순히 껍데기 속으로 들어가는 것만으로 위험으로부터 몸을 보호할 뿐 아니라 마치 집에 아무도 없는 것처럼 보이게 만들었다. 녀석은 처음에 제비꽃 화분과 함께 도착한 날 이런 방어술로 나를 잘도 속여 넘겼다. 올리버 골드스미스는 이런 행동을 다음과 같이 기록한다.

가볍고도 단단한 껍데기를 가진 달팽이는 매우 다양한 방식으로 온갖 외부의 위협에서 스스로를 지켜낼 줄 안다. 달팽이는 침입을 받을 때마다 이 요새로 그냥 들어가서 위험이 끝날 때까지 참고 기다린다.

잡아먹히기 쉬울 것 같아 보이는 달팽이의 느린 이동속도가 사실은 달팽이의 생존수단일지도 모른다. 포식자들은 대개 먹잇감이 되는 대상의 빠른 움직임을 포착해서 사냥을 시작하기 때문이다. 또한 달팽이가 소리 없이 기어서 이동하는 것도 소리로 사냥감을 포착하는 동물들로부터 자신을 보호하는 무기가 될 수 있다.

끈적끈적한 점액을 분비하는 것은 단순히 호모 사피엔스들을 불쾌하게 만들어 쫓아버리는 것 이상의 구실을 하는 달팽이의 복잡한 방어체계다. 몸집이 큰 포식자들은 미끌미끌한 먹잇감을 잡기 어려울 테고, 아주 작은 기생충들은 몸이 점액에 달라붙어 꼼짝달싹 못하거나 입 부위가 진득진득하게 붙어버릴 수 있다. 보통의 점액 방식으로 위험을 모면하기 어려울 때는 맛이 고약한 유독성 화학물질이 함유된 특수 점액을 그 자리에서 바로 풍부하게 만들어 뿜어낼 줄도 안다. 달팽이에게 적자생존이란 대개 얼마나 끈적끈적한 점액을 잘 만들 줄 아는지를 의미한다.

우리 달팽이의 매우 잘 진화된 자연스러운 방어체계 가운데 하나는 주위 환경과 너무도 완벽하게 어울리는 흙 색깔을 한 달팽이집이었다. 녀석은 심지어 이동하고 있는 동안에도 유리용기 안의 식물대 사이를 들락날락하다 바로 눈앞에서 사라지기도 해서 나를 끊임없이 당황하게 만들었다.

잠자리를 교묘하게 바꾸는 것도 녀석이 자주 쓰는 뛰어난 방어술 가운데 하나였다. 양치식물 잎사귀 아래서 껍데기 속으로 몸을 움츠리고 옆으로 비켜서 있으면 위에서 볼 수 없었다. 또 달팽이집 색깔과 아주 잘 어울리는 썩은 나뭇가지에 달라붙거나 이끼로 가려진 틈새에 들어가 자기도 했다. 실제로 앞을 볼 수 없는 달팽이가 어떻게 그런 완벽한 은신처를 찾아내는지 놀라운 일이 아닐 수 없었다.

달팽이의 생활방식을 가장 잘 표현한 문장을 발견한 곳은 『육상 연체동물의 생물학』 *The Biology of Terrestrial Molluscs*에서 토니 쿡이 쓴 '행동생태학'이라는 제목의 장이었다. "되도록 자주 은폐된 장소에 숨어서 아무것도 하지 않는 게 가장 잘하는 것이다."

달팽이와 관련된 모든 것은 신비롭다. 내 호기심을 맨 처음 사로잡은 것도 바로 이 신비로운 분위기였다. 문득 나 자신의 생활도 마찬가지로 점점 신비로워지고 있음을 깨달았다. 병에 걸리고 나서 나았다 도졌다 하기를 수없이 반복하며 세상에서 내가 차지하고 있던 자리는 내가 거기에 있을 때보다 없을 때가 점점 더 많아졌다. 가까운 친구들은 내 상황을 이해했지만 나를 잘 알지 못하는 사람들은 내가 어째서 일터와 사회집단에서 그렇게 갑자기 사라졌는지 알 수 없었다.

그러나 사실 나는 정말로 사라진 것이 아니었다. 달팽이집에 들어앉은 달팽이처럼 그냥 집 밖으로 나가지 못하고 방 안에 틀어박혀 있을 뿐이었다. 그러나 인간세계에서 집에 틀어박혀 있다는 것은 세상에서 사라진 거나 마찬가지다. 옛날에 알고 지내던 사람을 우연히 만난다면 나는 그 사람의 얼굴에서 당혹스러워하는 모습을 볼지도 모른다. 사람들은 내가 세상에 다시 나타나리라 생각하지 못했기 때문에 혹시 유령을 본 건 아닐까 생각할 수도 있을 것이다. 가끔 나는 정말로 내가 유령이 된 건 아닌가 하는 생각을 할 때도 있다.

달팽이의 사랑

> 달팽이의 감성적 특징 가운데 사랑과 애정은
> 고도로 발달한 것처럼 보인다.
> 그것은 그들이 서로 사랑을 나눌 때
> 서로에게 느끼는 다정한 행동들을 보면 금방 알 수 있다.
> ―제임스 위어, 『이성의 여명』(1899)

어느 날 아침, 유리용기 안을 들여다보다가 자그마한 알 여덟 개가 한데 모여 있는 것을 발견하고는 깜짝 놀랐다. 그 알들은 박달나무 토막 언저리 표토 위에 있었다. 모두 파르스름한 진주 빛깔을 띤 타피오카 알갱이(카사바 뿌리로 만든 녹말 알갱이―옮긴이)만했다. 그것들이 어떻게 수정해서 부화할지 궁금했다. 알들을 돌보느라 며칠에 한 번씩 알들이 있는 곳에 찾아오는 달팽이를 눈여겨보았다. 달팽이가 입으로 알들을 하나씩 붙잡고 '점액을 바르는' 것처럼 보이는 경우가 여러 번 있었다. 추측건대 그렇게 해서 알이 부화하기에 적당한 습기를 유지하기 위한 행동이 아닐까 싶었다.

숲달팽이들은 암수한몸이다. 이런 특성은 포유동물 사이에서는 드물지만 대다수 다른 동물 집단과 식물계에서는 아주 흔한 일이다. 달팽이는 짝을 고를 때 특별히 정해진 규칙은 없지만 저마다 자기가 더 좋아하는 나이나 크기는 있을 수 있다. 그들은 늦은 봄이나 여름 초, 또는 가을에 정성을 다해 복잡한 구애행위를 한 뒤 짝짓기를 한다. 하지만 오랫동안 홀로 떨어져 있는 달팽이는 오히려 자신의 처지에 맞게 자가수정을 할 수 있다. 그들은 그렇게 새로운 달팽이 집단을 형성함으로써 자신의 유전자가 계속해서 살아남을 수 있게 한다.

지난해 우연히 프랑스의 두 과학자 클로드 뉘리자니와 마리 페레누가 감독한 다큐멘터리 영화 〈마이크로코스모스〉(소우주)에서 부르고뉴 달팽이 두 마리가 초원에서 서로 사랑을 나누는 감각적인 장면을 보았다. 음악감독 브뤼노 쿨레가 작곡한 〈달팽이의 사랑〉은 정말로 오랫동안 계속되는 두 달팽이 사이의 쾌락과 욕정, 그리고 끈적끈적하고 농밀한 사랑의 행위를 아주 잘 표현하고 있다.

패트리샤 하이스미스의 단편소설 「달팽이 관찰자」에서 주인공은 서로 사랑을 나누고 있는 달팽이 두 마리를 관찰하면서 그 모습에 푹 빠진다.

  노페르트 씨는…… 어느 날 저녁, 어슬렁거리며 부엌 안으로 들어왔다……. 〔그러고는〕 개수대 옆 식기건조대 위에 있는 도자기 그릇 안에서 달팽이 두 마리가 매우 기묘하게 행동하고 있는 모습을 목격했다. 대강 꼬리로 선 채…… 매우 도발적인 자세로 서로 얼굴을 맞대고 격렬하게 입맞춤을 나누었다.

  노페르트 씨는 자신이 목격한 장면에 온 마음을 빼앗긴 나머지 달팽이에 관한 것이라면 무엇이든지 모조리 읽기 시작한다.

  〔그는〕 다윈이 쓴 『종의 기원』에 나오는 복족류에 관해 설명하는 부분에서 한 문장을 우연히 발견했다. 그 문장은 프랑스말로 쓰여 있었다…….
  '상쉬알리테' sensualité(관능)라는 단어는 갑자기 사냥감의 냄새를 맡은 사냥개처럼 그를 긴장시켰다.

  나는 노페르트 씨가 연구한 선례를 따라가보기로 했다. 그가 달팽이의 연애에 관한 정보를 찰스 다윈에게서 얻은 것처럼 나도 똑같이 했다. 하지만 내가 알아본 바로는 노페르트 씨가 아마도 다윈의 책들을 혼동한 것 같았다. 내가 그 문장을 발견한 곳은 『인간의 유래』에서 연체동물과 관련된 장이었다. 그것은 다윈의 동료, 스위스계 미국인 동물학자 루이 아가시가 한 말이었다. 아가시의 관찰기록은 영국 빅토리아 여왕 시대의 분위기로 볼 때는 너무 노골적이었기 때문에 영어가 아닌 프랑스어로 인쇄된 것이다. 하지만 아가시가 쓴 문장에는 '상쉬알리테'라는 단어가 나오지 않았다. 노페르트 씨만큼이나 기이한 일이었다. 그래서 프랑스 말을 할 줄 아는 몇몇 친구에게 그 문장을 번역해달라고 부탁했다. "달팽이들이 사랑하는 장면을 관찰할 기회가 있는 사람이라면 누구나 그들의 동작 하나하나와 분위기가 얼마나 매혹적인지 감탄하지 않을 수 없을 것이다. 이 암수한몸의 달팽이들이 금방이라도 서로 격렬하게 포옹할 것 같은 모습이다."

빅토리아 여왕 시대의 박물학자들은 달팽이의 애정생활에 대해 무척 관심이 많았다. 「달팽이와 달팽이집」을 쓴 익명의 저자는 "달팽이는 사실 모든 연인들이 귀감으로 삼아야 할 전형적인 연애대장이다. 〔달팽이는〕…… 자기가 사랑하는 대상을 끊임없이 최대한 배려하면서 애정을 쏟는 데…… 많은 시간을 보낸다"라고 칭송을 아끼지 않았다. 하지만 달팽이에게 홀딱 빠진 또 한 명의 박물학자 로렌츠 오켄은 그와 달리 매우 무뚝뚝하게 표현했다. "세심한 감정표현, 앙증맞은 집착, 지나친 욕정은 달팽이들의…… 정신적 특성을 이루는 것처럼 보인다."

한편 윌리엄 커비는 귀를 의심하게 하는 말을 했다. 달팽이의 "구애행위는 매우 보기 드물게 특이한데, 고대 그리스 로마 시대의 우화에 나오는 큐피드의 화살을 그대로 구현한다. 달팽이들은 서로 교접하기 전에 상대방에게 날개 달린 침을 찌르기 때문이다." 나는 제럴드 더렐의 자서전 『새, 짐승과 그 일가들』 *Birds, Beasts, and Relatives*에서 이 흥미진진한 침에 대해 더 많은 것을 알았다. 더렐은 열 살 때 그리스 코르푸 섬에서 가족들과 함께 살고 있었다. 그가 폭우가 쏟아진 뒤 숲 속에서 달팽이가 구애하는 모습을 관찰한 것은 바로 그 무렵이었다. "은매화 가지 위에서 꿀 같은 호박색의 살찐 달팽이 두 마리가 꽤 흥분한 듯 뿔들을 이리저리 흔들면서 서로에게 부드럽게 미끄러지듯 다가가고 있었다." 더렐은 호기심이 발동했다.

그들은 내가 지켜보고 있는 가운데 서로에게 가까이 다가가 마침내 서로 뿔을 접촉했다. 그리고 잠시 멈춰 서서 서로 상대방의 눈을 오랫동안 열띤 모습으로 응시했다……. 〔그리고 나서〕 눈을 의심케 하는 일이 벌어졌다.

두 달팽이가 거의 동시에 옆구리로 미세하고 무른 흰 침처럼 보이는 것을 서로에게 찌른다……. 첫 번째 달팽이가 찌른 침은 두 번째 달팽이의 옆구리를 뚫고 들어가 사라졌다. 두 번째 달팽이가 찌른 침도 마찬가지로 첫 번째 달팽이의 옆구리를 뚫고 들어갔다……. 이제 두 달팽이의 몸은 서로 단단하게 밀착되어 있었다. 그들이 짝짓기를 하고 있는 게 분명했다. 하지만…… 그들이 정확하게 어떤 행위를 하고 있는지는 알 수 없었다. 그들은 약 15분 동안 서로 붙어 있는 상태로 열락의 기쁨을 누리며 그대로 있었다. 그런 다음 서로 아무런 작별인사도 없이 각자 반대 방향으로 기어갔다…….

더렐이 묘사한 '사랑의 화살'(연시戀矢라고 부르기도 함─옮긴이)은 아주 작고 아름답게 만들어진 탄산칼슘 성분의 침이다. 그것은 마치 매우 섬세한 장인의 손길이 빚어낸 작품처럼 보인다. 그 침은 달팽이 신체 내부에서 한 주 동안 만들어지는데 달팽이집 길이의 3분의 1만큼 긴 것도 있다. 침 자루는 속이 비어 있고 고리 모양인데 종에 따라서 가끔은 테두리에 지느러미 같은 날이 네 개 달린 것도 있다. 그래서 한쪽 끝은 작살처럼 날카롭지만 반대쪽 끝은 바닥이 원형촛대 모양이다.

어떤 종은 짝짓기 때마다 새로운 침을 만드는데 그 밖의 다른 종들은 전에 썼던 것을 회수했다가 다음 번 짝짓기 때 다시 쓴다. 어떤 특별한 종은 오직 침 하나만을 보관하는데 나머지는 두 개 이상을 '간직'하고 있다. T. H. 헉슬리는 『실용생물학』에서 이러한 큐피드의 화살에 대해 이렇게 말한다. "사랑을 나눌 때 서로 침을 찌르는 것은…… 동물의 왕국 어디서도 유례를 찾아볼 수 없는 구조다."

그러나 때때로 달팽이는 침에 찔린 후 정신적 충격을 받고 구애행위를 중단하는 경우도 있다. 달팽이가 짝짓기를 위해 반드시 침을 찌르는 것은 아니다. 전체 달팽이 종의 3분의 1도 안 되는 종만이 짝짓기를 위해 침을 찌른다. 짝짓기에서 침은 특수한 페로몬 성분이 함유된 점액을 상대방에게 전달해서 상대방이 정액을 안전하게 저장할 수 있도록 하는 구실을 한다고 알려져 있다.

달팽이 두 마리가 사랑을 나누는 시간은 시작해서 끝날 때까지 최대 일곱 시간이 걸릴 수 있는데 모두 3단계를 거친다. 첫 번째는 달팽이들이 서로 점점 더 가까워지는 오랜 구애 단계로서 대개 서로를 동그랗게 에워싸고 애무를 하다가 서로의 더듬이를 접촉한다. 그러다 서로가 좋아하는 상대가 아니라는 것이 확인되면 구애행위를 중단할 수도 있다. 그러나 일이 잘 진행된다면 어떤 종은 서로 사랑의 화살을 찌르는 행위를 한다.

두 번째 단계에서 달팽이들은 나선형 방향으로 서로를 안고 짝짓기를 한다. 이때 어떤 종은 서로 동시에 정액을 교환하는데 다른 종들은 처음 짝짓기에서는 수컷이나 암컷이었다가 다음 번 짝짓기에서는 역할을 바꾼다. 암수한몸인 것이 언제나 쉽지는 않다. 만일 수컷이 되기도 하고 암컷이 되기도 하는 종의 달팽이 두 마리가 동시에 같은 성이기를 원한다면 당연히 갈등이 발생할 수 있다. 짝짓기 방법에 상관없이 모든 일이 잘 진행된다고 가정할 때 달팽이들은 서로 체내나 체외에 정액을 교환한다. 달팽이의 정액 교환은 종에 따라서 '정포'精包라고 부르는 정교하게 설계되고 장식된 꾸러미에서 이루어지기도 한다.

마지막으로 완성 단계에 이르러 휴식을 취한다. 달팽이 두 마리는 여전히 아주 가까이 붙어 있다가 각자의 집으로 들어가서 미동도 안 하고 가만히 있는다. 어떤 때는 일곱 시간 동안 그렇게 가만히 있는 경우도 있다. 어떤 특별한 종의 짝짓기 방법이든 그것과 상관없이 수정은 연인들이 서로 몸을 떼고 난 뒤 체내에서 이루어진다.

나는 하이스미스의 단편소설 「달팽이 관찰자」에서 노페르트 씨가 "달팽이의 생태를 설명하여 친구와 손님들이 거기에 빠져들고 충격을 받자" 노페르트 씨의 아내가 "당황해서 어쩔 줄 몰라 했던" 이유를 이제야 이해할 수 있었다. 심지어 더렐도 자신이 본 것에 충격을 받아 자기 가족의 친구이자 조언자인 생물학자 겸 동물학자 시어도어 스테파니드에게 상담을 받는다. 전에는 자연사 토론을 싫증나 하던 더렐의 형 로렌스도 갑자기 그것에 관심을 갖기 시작한다.

"세상에!" 래리가 소리쳤다. "그건 불공평하다고 생각해요. 덤불 속을 온통 미친 듯이 서로를 유혹하며 어슬렁거리고 서로 감각적 쾌락을 즐기는 그 모든 망할 놈의 끈적끈적한 것들 말이에요. 왜 인간에게는 그런 은총을 내리지 않은 거지? 내가 알고 싶은 게 바로 그거예요."

"아하, 그래. 하지만 그러면 넌 알을 낳아야 할걸" 하고 시어도어가 지적했다.

"맞아요." 래리가 말했다. "하지만 칵테일파티를 피할 수 있는 방법으로 이처럼 놀라운 방법이 있을까요. '오늘 갈 수 없어서 정말 미안합니다. 알을 품어야 하거든요'라고 말할 수 있을 테니까요."

시어도어는 살짝 코웃음을 쳤다.

"그러나 달팽이들은 알을 품지 않아." 그가 설명했다. "녀석들은 알을 습기 많은 땅속에 묻고 그냥 내버려두거든."

"그것 참 아주 좋은 육아법이네." 뜻밖에도 어머니가 확신에 차서 말했다. "나도 너를 습기 많은 땅속에 묻고 그냥 내버려둘 수 있으면 좋으련만."

제럴드의 어머니는 달팽이의 육아법에 대한 또 다른 이야기에 깊은 인상을 받고 다시 귀를 쫑긋 세웠을지도 모른다. 달팽이는 수정을 하고 알을 낳을 수 있는 최적의 환경조건이 만들어질 때까지 기다리면서 여러 달 동안—심지어 필요하다면 몇 년까지도—상대방의 정액을 싱싱하게 보관할 수 있다. 아마도 우리 달팽이는 매우 이른 봄이나 그 전해에 짝짓기 상대를 만났는지도 모른다. 자기를 잡아먹을 포식자들도 없고 포토벨로버섯도 충분히 있고 물도 줄기차게 공급되는 덕분에 달팽이가 알을 낳을 조건이 아주 잘 마련된 듯했다.

알들은 대개 30개에서 50개씩 무리를 이루어 여러 군데 땅속에 묻혀 있다. 우리 달팽이는 알을 너무 적게 낳아서 그냥 땅 위에 있었다. 그 주에 유리용기의 환경조건이 약간 습기가 많았기 때문이었다. 그런 환경에서 알을 묻는 일은 위험했을 수도 있다. 삼투압 때문에 알이 터져버릴 수도 있기 때문이다.

달팽이 배아는 점점 자라면서 자신을 보호해주는 알껍데기에서 칼슘 성분을 흡수한다. 새끼 달팽이는 알을 까고 나오면 남은 껍데기를 모두 먹어치운다. 만일 먹을 것이 부족하면 근처에 있는 장차 형제가 될지도 모를 아직 부화하지 않은 알을 한두 개 더 먹을 수도 있다.

절망

달팽이가
사라졌다! 어디로 갔는지
아무도 모른다.
— 요사 부손

어느 날 아침, 달팽이가 어디에 있는지 찾았지만 평소처럼 찾기가 쉽지 않았다. 나는 다시 양치식물 잎들과 이끼 사이, 이끼 낀 나뭇가지들 주변을 둘러보았다. 녀석은 잘게 부스러진 알껍데기 더미 근처에서 칼슘을 찾아 헤매고 있지 않았다. 작은 나무 옆에도, 버섯 주변에도 없었다. 유리용기 꼭대기에도 없고 홍합 껍데기 옆에도 없었다. 몇 주 전에 낳은 자그마한 알 무더기 옆에도 없었다. 녀석이 숨을 만한 곳들은 모두 찾아보았지만 아무데서도 모습을 볼 수 없었다. 불현듯 사라진 것이다.

유리용기 꼭대기에는 덮개가 없었다. 유리용기는 살아 숨

쉬는 생물이 사는 집이기 때문에 통풍이 무엇보다 중요하다고 생각했다. 내가 아는 한, 달팽이는 여태껏 한 번도 유리용기를 떠난 적이 없었다. 제비꽃 화분에서 잠자는 동안에도 달팽이는 아주 먼 곳에 갔다가도 언제나 반드시 돌아왔다.

무슨 일인지는 모르지만 이제 달팽이는 가버렸다. 어쩌면 달팽이는 알을 낳고 나서 마침내 야생의 숲으로 되돌아가기로 했는지도 모른다. 또 어쩌면 나처럼 향수병에 걸렸을지도 모른다. 그러나 난 이제 달팽이 없는 내 존재를 생각할 수 없었다. 낮에 그 작은 달팽이가 잠을 자고 있는 모습을 보면 마음이 편안해지고 밤에 여기저기 돌아다니는 모습을 보면 기분이 좋았다.

달팽이가 지나가면서 바닥에 묻힌 점액의 흔적을 보고 따라가면 어디로 갔는지 대강 알겠지만 나무 상자 같은 마른 나무에는 아무런 흔적도 남아 있지 않았다. 나는 몸을 움직일 수 없기 때문에 마룻바닥으로 내려가서 더 이상 달팽이가 지나간 흔적을 찾을 수도 없었다. 혹시나 달팽이가 다시 나타나기를 바라는 마음에서 침대에 누운 채 마룻바닥에 버섯 조각들을 떨어뜨려놓았다. 방 안에는 달팽이가 숨을 수 있는 곳이 수도 없이 많았다. 달팽이는 어딘가에 있을 수 있었다.

혹시 누군가 자기도 모르게 달팽이를 밟지 않았을까 걱정이 되었다. 뭔가 우두둑하고 부서지는 소리가 나면 두려운 마음이 앞섰다.

시간이 흐르면서 상황은 점점 더 나빠지는 것처럼 보였다. 나는 어느새 나 자신의 부질없는 생명보다 오히려 달팽이에게 훨씬 더 집착하고 있음을 깨달았다.

고립은 사람을 더욱더 깊이 병들게 한다. 그때 유일하게 존재를 규정하는 법칙은 불확실성밖에 없으며 그 속에서 유일한 움직임은 시간의 흐름뿐이다. 사람들은 얼토당토않은 돌연변이에 걸리면 그것을 견뎌내며 살기가 쉽지 않다. 때로는 가까운 친구들과 가족들도 그것을 돌보기 어려울 때도 있다. 겉으로 말은 안 하지만 서로 점점 더 멀어지는 것은 어쩔 수 없는 일일 수 있다. 비록 당신은 과거와 같이 지금도 여전히 존재하지만 실제로 지금의 당신은 완전한 모습이 아니다. 때로는 당신이 잘 아는 사람들이 당신을 떠날 때도 있다. 심지어 당신이 분신처럼 생각하는 사람들도 변하기 시작한다.

내 몸에 침입한 병균들이 내 생명을 완전히 앗아가길 바랐던 적이 여러 차례 있었다. 건강하게 살다가 파티가 끝나면 그냥 문을 열고 나가듯이 그렇게 생을 마감할 수 있다면 얼마나 좋을까. 하지만 병균은 나를 삶의 언저리로 데리고 가서 가차 없이 내동댕이쳤다. 나는 거의 하루도 버텨내지 못하고 다음 날이면 증상이 더 심해지거나 몇 년에 걸쳐 서서히 회복되던 병세가 하룻밤 사이에 예기치 못하게 악화되는 악령의 그늘 속에 갇히고 말았다.

아툴 가완디는 2009년 3월, 『뉴요커』에 기고한 글에서 "인류는 모두 격리를 고문처럼 생각한다"라고 썼다. 질병은 사람을 고립시킨다. 고립된 사람은 남의 눈에 띄지 않는다. 보이지 않게 되면 자연스럽게 잊히기 마련이다. 그러나 그 달팽이…… 우리 달팽이는 내 영혼이 증발하는 것을 막아주었다. 우리 둘은 온전히 하나의 사회를 이루었다. 그것은 우리가 서로 고립감에 빠지지 않게 도와주었다. 달팽이가 사라지자 날이 저무는 것처럼 내게는 더 이상 기댈 희망이 없었다.

새 생명

(달팽이는) 동종요법에서 쓰는 알약처럼 보이는 알을 무더기로 낳는다. 반투명한 알의 외피를 현미경으로 보면 아름다운 자태를 뽐내는데 석회질 성분이 수정처럼 여기저기 반짝거려 알 속에 있는 새끼는 마치 다이아몬드로 수놓은 드레스를 입고 있는 것처럼 보인다.
— 어니스트 잉거솔, 「달팽이 사육장에서」(1881)

그날 저녁 나는 멀리서 나를 보기 위해 오고 있는 한 친구를 기다리고 있었다. 하지만 내 머릿속은 온통 달팽이 생각뿐이었다. 친구는 집에 도착해서 유리용기 속을 들여다보다가 이끼 한 조각을 집어 들었다. 그런데 거기 달팽이가 파놓은 구멍 안에 그토록 애타게 찾았던 달팽이가 숨어 있는 게 아닌가. 게다가 훨씬 더 많은 알들이 모여 있는 또 다른 알 한 무리도 함께 있었다.

나는 유리용기 안의 습기를 조금 제거해서 뽀송뽀송하게 만들게 했다. 이제 그 안의 조건은 알을 부화하기에 훨씬 더 좋은 환경이 되었다. 달팽이는 남의 눈에 잘 띄지 않고 습도를 일정하게 유지할 수 있는 이끼 밑에 굴을 파고 그 안에 알을 보관했다. 이제 유리용기는 달팽이가 안전하게 알을 부화할 수 있는 곳이 되었다. 미래의 달팽이들이 태어나기를 기다리는 꿈의 장소가 된 것이다.

우리 달팽이는 자기 주변의 환경조건이 바뀌었다는 것을 잘 알고 거기에 능동적으로 대처했다. 바뀌는 상황에 계속 주의를 기울이면서 지표면에 낳은 알들을 주기적으로 오가며 보살폈다. 하지만 이끼 밑에 묻어둔 알들은 오직 한 번만 확인했다. 이런데도 왜 사람들은 복족류가 호모 사피엔스보다 육아문제를 더 잘 다루지 못할 거라고 생각하는 걸까?

어미 달팽이가 자기가 낳은 알을 보살피는 모습을 관찰 기록한 최초의 사람이 바로 나일 수도 있다는 생각이 문득 들었다. 연체동물을 연구하는 학자들은 달팽이들이 자기가 낳은 알들에게 오는 까닭이 그것들을 보살피기 위해서라기보다는 먹기 위해서라고 추측했다. 우리 달팽이가 처음에 낳은 알들은 지표면에 있었고 그 수도 많지 않았기 때문에 달팽이가 그 알들이 있는 곳을 다녀간 뒤에 그 알들이 하나도 없어지지 않고 그대로 남아 있는 것을 확인하는 일은 어렵지 않았다. 야생에서는 어미 달팽이가 알들을 보살피러 왔다가 돌아간 뒤에 그 뒤를 몰래 쫓아온 포식자들이 그 알들을 먹어치울 수도 있었다. 그러나 우리 달팽이는 그런 걱정을 할 필요가 없었다. 군체에서 따로 떨어지게 된 달팽이는 자손을 낳고 유지하는 것이 무엇보다 중요한 일이었다. 따라서 어쩌면 이런 사정들 때문에 자신이 낳은 알들을 보살피는 일에 더욱 매진했는지도 모른다.

달팽이 알들은 주위 환경이 너무 습하면 오히려 위태로울 수 있는 반면에 의외로 건조한 환경도 잘 이겨낼 수 있는 능력이 있다. 어니스트 잉거솔은 "달팽이 알의 생명력은 믿을 수 없을 정도로 매우 강인하다"라고 했다.

달팽이 알들은 손가락으로 누르면 부스러질 정도로 물기가 하나도 없고 뜨거운 곳에서 건조되어 마침내 거의 눈에 보이지 않을 정도로 미세하게 줄어들었다가도 습기에 노출되면 금방 다시 원래의 부피로 늘어났다. 알에서 깨어난 새끼 달팽이들도 자라면서 마찬가지 모습을 보였다.

우리 달팽이는 너무 많은 알을 낳는 바람에 눈에 띄게 체중이 줄었다. 전체 몸의 크기가 달팽이집 크기만하게 줄어들었다. 약 한 주 동안 평소보다 더 많이 잠을 자더니 그 뒤로 버섯을 게걸스럽게 마구 먹어치우기 시작했다.

나는 아쉽게도 맨 처음에 낳은 알들이 부화하는 모습을 보지 못했다. 아마도 밤중에 알을 깨고 나온 모양이었다. 밤중에 그 광경을 볼 기회가 있었다고 하더라도 내게는 손전등 말고도 돋보기가 필요했을 것이다. 어느 날 아침, 알들 가운데 일부가 사라진 것을 알았다. 유리용기 안을 더 가까이 들여다보니 아주 작은 달팽이 몇 마리가 여기저기서 꼼지락거리고 있었다. 새끼 달팽이들이 움직이고 있지 않았다면 녀석들이 거기에 있다는 사실을 알지 못했을 것이다. 「달팽이와 달팽이집」을 쓴 익명의 저자는 "새끼 달팽이들이 귀엽게 생긴 거품 같은 껍데기에서 쏙 하고 나온다"라고 썼다. 또 윌리엄 커비는 새끼 달팽이의 껍데기가 반투명한 데다 "너무 연약해서 새끼 달팽이들이 일사병으로 죽을지도 모른다"고 했다.

알에서 갓 나온 새끼 달팽이들은 홍합 껍데기 아래쪽에 머물기를 좋아했다. 아마도 습기가 많고 어두컴컴해서 몸을 숨기기 좋고 칼슘을 쉽게 섭취할 수 있기 때문인 것 같았다. 또

때로는 두꺼운 포토벨로버섯 조각 아래서 잠을 자곤 했는데 저녁때 밥을 먹으러 그 위로 올라와서 버섯의 하얀 과육과 대비되어 남의 눈에 띄기 전까지는 아무도 거기에 뭐가 있는지 알 수 없었다. 몇 주가 지나자 새끼 달팽이의 숫자가 늘어났다. 또 다른 알들이 부화한 것이 분명했다. 비록 그동안 무슨 일이 일어났는지 자세히 알 수는 없지만 아마도 어미 달팽이가 그 알들을 처음에 알을 낳아 묻어두었던 곳에 다시 낳아놓고 여러 차례 들락날락한 것 같았다. 아니면 또 다른 장소에 알들을 낳아놓았는지도 모른다.

작은 새끼 달팽이들이 무럭무럭 자라면서 껍데기도 커지고 점점 더 불투명한 색깔로 바뀌기 시작했다. 이제 새끼 달팽이들의 껍데기 색깔만 보고도 그들이 부화한 시기를 쉽게 구분할 수 있었는데 그들이 알에서 나온 시점은 최대 몇 주 정도의 차이가 있었던 게 분명했다. 어느 날 밤, 새끼 달팽이 한 마리가 자기보다 먼저 태어난 새끼 달팽이 한 마리를 따라서 유리용기 벽면을 가로질러 오르고 있었다. 그 새끼 달팽이는 자기 형뻘 되는 달팽이의 껍데기 위로 슬금슬금 기어 올랐다. 그러자 형뻘 되는 새끼 달팽이가 몸을 돌리고 아우뻘 되는 새끼 달팽이를 바라보았다. 그들은 서로 더듬이를 거칠게 흔들어댔다. 하지만 형뻘 되는 달팽이가 아우뻘 되는 달팽이를 등에서 떨어뜨릴 수 있는 방법은 없었다. 형제들 간에 싸우는 것처럼 보였다. 녀석들의 일에 개입하고 싶지는 않았지만 나는 가까스로 잠시 일어나 앉아 등에 올라탄 새끼 달팽이를 떼어내 부스러진 알껍데기 더미 옆에 내려놓았다. 그 새끼 달팽이는 그날 밤 거기서 배불리 먹고 지냈다. 아마도 그 새끼 달팽이가 칼슘을 찾아 헤매다 형뻘 되는 달팽이 껍데기를 보고 그리로 달려간 것이 아닐까 하는 생각이 들었다.

나는 새끼 달팽이들이 얼마나 빨리 자라는지 알고 싶었다. 그래서 그것들을 가까이서 지켜보았다. 몇백 마리나 되는 새끼 달팽이들을 다 본다는 것은 상상도 할 수 없는 일이었다. 그런 일은 절대로 없을 것이다. 하이스미스의 단편소설 「달팽이 관찰자」는 첫 문장에서 불길한 예감을 알리는 문구로 이렇게 시작한다. "피터 노페르트 씨는 취미로 달팽이를 관찰하는 일을 시작하면서 몇 마리 안 되는 달팽이들이 금방 수백 마리로 불어날 거라고는 전혀 짐작도 하지 못했다."

어미 달팽이의 배변습관은 전혀 성가시지 않았지만—가

끔 홍합 껍데기나 유리용기 벽면에 작고 짧은 곡선을 불규칙하게 그리고 다녔다―이제는 새로 태어난 수많은 새끼 달팽이들이 매우 빨리 자라면서 그들이 쏟아낸 배설물 때문에 모든 곳이 온통 큰 반점으로 얼룩지기 시작했다.

그동안 어미 달팽이가 혼자 외롭게 지냈던 것을 생각할 때 자기가 낳은 수많은 새끼들이 차고 넘치는 지금의 상황에 과연 어떻게 대처할지 궁금했다. 야생에서는 세상에 나온 달팽이 알들 가운데 거의 절반이 날씨나 포식자, 먼저 부화한 새끼 달팽이의 허기 때문에 알을 깨고 나오지도 못한 채 사라진다. 하지만 유리용기 안에 있는 알들은 부화에 성공할 가능성이 훨씬 더 높았다. 얼마나 많은 새끼 달팽이들이 알을 깨고 나왔는지는 하나하나 셀 수 없기 때문에 다만 짐작할 도리밖에 없다. 낮에는 각자 자기가 쉴 곳을 찾아 들어갔다가 밤이 되면 모두 밖으로 나와 이리저리 움직이며 동시에 사방으로 흩어졌다. 이전에 달팽이 한 마리를 지켜볼 때는 평화롭고 고요했지만 이제 엄청나게 많은 새끼 달팽이들이 동시에 여기저기로 이동하는 모습을 지켜보노라면 마치 최면에 걸릴 때 느끼는 것과 같은 상태로 빠져들었다. 조금은 질리기조차 했다.

지난 몇 달 동안 나는 아주 조금씩 몸이 좋아졌다. 물론 날마다 또는 주마다 눈에 띌 정도로 그렇게 크게 좋아지지는 않았다. 하지만 이제는 하루에 두 번은 의자에 앉아서 몇 분이고 버틸 수 있었다. 나는 앞으로 지금보다 남의 도움을 덜 받고 지낼 수 있을지 확신이 안 섰지만 당장이라도 시골에 있는 진짜 우리 집으로 가고 싶었다. 점점 집으로 돌아갈 날이 가까워지면서 나는 간병인과 함께 어미 달팽이와 새끼 달팽이 한 마리만 여기에 남겨두기로 했다. 내가 열심히 쓴 「달팽이 보고서」를 읽고 호기심이 발동한 몇몇 친구들이 새끼 달팽이들을 여러 마리 분양해갔다. 나머지 수많은 새끼 달팽이들은 그들의 어미가 처음에 발견되었던 야생의 숲으로 돌려보냈다. 새끼 달팽이가 몇 마리나 되는지 실제로 세어본 것은 바로 그때였다. 모두 118마리의 새끼 달팽이가 알을 깨고 세상으로 나온 것이다.

6부

익숙한 공간

모든 생물이 생존을 위해 내딛는 가장 중요한 첫발은
살 곳을 정하는 것이다.
적절한 장소를 찾는다면
그 밖의 다른 것은 훨씬 쉬워질 것이다.
— 에드워드 O. 윌슨, 『바이오필리아』(1984)

The Sound of a Wild Snail Eating

귀환

후지 산을 오른다
오, 달팽이
하지만 천천히, 천천히
— 고바야시 이사

여름이 반쯤 흘러갔을 무렵, 나는 애완견 브랜디와 함께 시골집으로 옮겨졌다. 우리 가운데 누가 더 기뻤는지는 말하기 힘들다. 브랜디도 잘 아는 삼나무로 만든 침대는 떠나기 전에 있었던 것처럼 아침 햇살을 듬뿍 받으며 거실 한쪽에 그대로 있었다. 침대에 누워서도 방 안에는 볼거리가 너무 많아서 어디를 먼저 보아야 할지 모를 지경이었다. 거실 공간은 튼튼한 기둥과 들보들이 둘러싸고 있었다. 벽에는 풍성한 색채로 채색된 아름다운 그림들이 걸려 있었다. 침대 옆 창문을 통해서는 자연세계를 내다볼 수 있었다.

한밤중에 가끔씩 2층에서 들려오는 쿵쾅거리는 이상한 소리에 화들짝 놀라곤 했다. 하지만 나는 그것을 그냥 오래전부터 그곳에 살고 있는 유령이 엉뚱한 장난을 치고 있는 거라고 즐거운 상상의 나래를 폈다. 나는 이미 우리 집의 별난 모습에 익숙해져 있었다. 그 덕분에 장소를 옮기는 데 따른 어려움을 줄일 수 있었다. 그렇다 해도 간병인의 도움을 줄이기는 어려웠다.

어미 달팽이와 가까이 있었을 때가 그리웠다. 하지만 이제 어미 달팽이를 야생의 숲으로 되돌려 보내야 할 때가 왔다. 그래도 가을까지는 어떻게든 잘해서 유일하게 남은 새끼 달팽이 한 마리는 겨울 동안 내 곁에서 함께 지낼 수 있기를 바랐다.

아주 수명이 긴 달팽이들은 대개 기후조건이 매우 나쁜 곳에서 산다. 뉴잉글랜드의 한겨울 추위를 생각할 때 우리 달팽이는 아마도 앞으로 몇 년은 더 살 것이다. 그사이에 여러 차례 더 긴 구애가 있을 테고 자손들도 새로 더 많이 태어날 것이다. 달팽이는 이제 유리용기 안에서의 안전한 은둔생활을 끝내고 야생의 숲에서 부딪칠 수많은 난관과 위험한 포식자들, 그리고 예측할 수 없는 날씨에 다시 적응해야 할 것이다. 그러나 녀석은 그전에 이미 여러 가지 방어수단과 휴면

기술을 가지고 잘 살아남았다. 나는 달팽이가 이번에도 전처럼 그렇게 잘 살아남을 거라고 생각한다.

달팽이를 다시 숲으로 돌려보낼 때 나도 거기에 있으면 좋으련만. 하지만 나는 집에 남아 있어야 했고 이제는 달팽이와 너무도 멀리 떨어진 곳에 있었다. 간병인은 유리용기에 새끼 달팽이 한 마리만 남겨두고 어미 달팽이를 꺼내서 그것이 처음에 발견된 숲 속으로 데리고 갔다. 그러고는 이렇게 전했다.

안개가 자욱하게 낀 날, 달팽이를 들고 오래된 참나무 아래로 갔어요. 야생 버섯 위에 달팽이를 내려놓았지요. 달팽이는 그 상황에 흥미를 보이기 시작했어요. 껍데기 밖으로 몸을 약간 내미는가 싶더니 불쑥 머리를 빼더군요.
꼬리는 여전히 버섯 꼭대기에 세워둔 채로 천천히 몸을 아래로 옮기더니 마침내 땅바닥에 닿았어요. 달팽이는 우아한 몸짓으로 껍데기와 꼬리를 아래로 내리고 더듬이는 똑바로 정면을 가리키며 땅에 떨어진 커다란 참나무 가지에 은신처를 마련하기 위해 나뭇잎과 잔가지 너머 앞으로 죽 나아갔어요.
어미 달팽이와 나는 똑같은 포로 신세였다. 하지만 이제는 둘 다 옛날에 자기가 살던 곳으로 돌아갔다. 내가 집에서 방 몇 군데를 오가면서 잘 적응하며 살려고 애쓰는 것처럼 달팽이도 자기 고향 숲에서 잘 적응하며 살겠지. 몸은 비록 집에 있지만 아직도 나는 질병의 경계를 벗어나지 못했다. 갑자기 유리용기 속 제한된 공간이 생각났다. 달팽이는 어떻게 그 안에서 먹고 여기저기 돌아다니며 하루하루 지내는 것에 만족했을까. 이젠 내게도 희망이 생겼다. 어쩌면 아직도 내게 꿈을 이룰 수 있는 기회가 남아 있을지 모른다는 생각이 들었다. 비록 그 꿈이 예전에 내가 이루고자 했던 꿈과는 다를지 몰라도.

시골집으로 다시 돌아온 것은 치료 다음으로 가장 잘한 일이었다. 여전히 신체적 활동은 제한을 많이 받았지만 이제 더 이상 침대에만 누워 있지 않아도 되었다. 또 가끔은 짧지만 적당히 만족할 만큼 집 안을 이리저리 왔다 갔다 할 수도 있었다. 늦은 아침이면 침대에서 몇 미터 떨어진 곳에서 신문을 들척이기도 하고 늦은 오후에는 좀 성급한 감은 있지만 시원한 물 한 잔을 마시러 부엌 구석까지 걸어가기도 했다. 이런 작은 일이나마 혼자 할 수 있게 된 것이 너무도 기뻤다. 하지만 그 때문에 병세가 악화되는 값비싼 대가를 치르기도 했다.

 침대 옆 창문을 통해서 끊임없이 바뀌는 바깥 날씨를 관찰할 수 있었다. 바람은 부드럽게 일렁이다 어느새 거세게 휘몰아치기도 하고, 창가를 적시는 빗줄기는 끊임없이 다양한 분위기를 연출하는가 하면, 해와 달, 구름은 서로 엇갈리며 다양한 풍경을 만들어냈다. 또 한여름 열기 속에서도 농장을 둘러싼 뜰은 온갖 색깔의 꽃들로 만발했다.

 뜰에서 자라는 다년생 식물들 사이로 벌새와 나비, 나방, 말벌, 뒤영벌을 비롯해 헤아리기 어려울 정도로 많은 자그마한 생명체들이 날아다니고 있었다. 그들은 서로 나는 모습도 다르고 날개 모양, 몸 크기, 구조도 천차만별이며 착지방식도 매우 달랐다. 너무 많은 새와 곤충들이 날아다니는 바람에 마치 뉴욕의 라과디어 공항에 와 있는 듯한 착각이 들 지경이었다. 서로 다른 종들이 동시에 모두 획 하고 공중을 날아다니는 혼돈 속에서도 단 한 차례도 서로 충돌하지 않는 것은 가히 놀라운 일이 아닐 수 없었다.

 그리고 또 창문을 통해서 이웃들이 왔다 갔다 하는 모습도 볼 수 있었다. 그들 또한 내게는 친근한 시골풍경의 한 부분이었다. 그들은 일을 하러, 혹은 심부름 때문에 집을 나섰다가 다시 돌아오곤 했다. 개를 데리고 산책을 하기도 하고 장작을 패기도 하고 길가에 세워진 우편함을 열어보기도 했다. 황혼이 깊어지면 들판 위로 쏙독새 한 마리가 낮게 날아가는 모습이 시야에 잡히곤 했다. 어둠은 짝을 찾아 헤매는 반딧불이들이 여기저기서 은밀한 불꽃을 반짝이게 했다. 밤이 더 깊어지자 어느 틈에 재빠르게 움직이는 박쥐들의 형상은 심야의 먹잇감을 향해 쏜살같이 내리 덮쳤다. 그리고 부엉부엉 숲 속에서 들려오는 올빼미의 울음소리가 시간이 흐를수록 점점 더 부드러워지더니 태곳적부터 먼 외계에서 날아온 별빛을 받으며 서서히 모양을 바꾸는 달 아래서 마침내 모든 것이 고즈넉해졌다.

겨울 달팽이

문을 닫고
죽은 듯이 잠든
달팽이
— 고바야시 이사

몇 달이 지나고 불타는 듯 화려하게 물들었던 빨갛고 노란 이파리들이 하나둘 창가에 흩날리더니 땅바닥에는 어느새 낙엽들이 이리저리 떼 지어 뒹굴어 다녔다. 집에서 안정된 나날을 보내던 내게 홀로 남은 새끼 달팽이는 훌륭한 동반자가 되었다. 새끼 달팽이가 들어가 있는 유리용기는 둘레 길이가 거의 1미터나 되는 고풍스러운 커다란 유리사발이었다. 그것은 아주 멋진 초록의 둥근 세계를 만들어냈다. 갓난 아기에서 어린애로 자란 새끼 달팽이는 도토리 크기의 3분의 1 정도밖에 되지 않았다. 낮에는 썩어서 속이 빈 자작나무 가지 안에서 잠을 잤다. 그곳은 습기가 많고 어두운, 그야말로 완벽한 은신처였다. 나는 때때로 손전등을 켜고 그 안을 들여다보고 점검했다.

낮이 점점 짧아지는가 싶더니 어느 날, 추상화 그림처럼 공중에 흩날리는 하얀 눈발이 고요한 겨울의 적막을 깨뜨렸다. 바람이 부는 방향에 따라 눈송이들이 수시로 모양과 크기를 바꿨다. 눈송이들은 공중에서 급속도로 하강하다가 상승기류를 만나 다시 치솟으며 우아하게 소용돌이치는가 싶더니 다시 한번 아래로 떨어지며 마침내 집 주변에 쌓여 있는 눈더미 속으로 사라졌다. 시간 간격을 두고 울부짖듯 끊임없이 휘몰아치던 눈보라는 잠시 숨을 고르고 여전히 짙은 초록을 자랑하는 전나무 숲 뒤로 모습을 감추며 눈을 더 높이 쌓아놓았다.

야생 달팽이들은 이 차가운 담요 아래 굴을 파놓고 아늑한 겨울잠에 빠져 있었다. 녀석들도 잠을 잘 때 꿈을 꿀까? 그렇다면 그 꿈들은 냄새와 맛과 촉감으로만 이루어질까? 아니면 아무 생각이나 기억도 안 날 정도로 그저 깊은 잠에 빠져 있지는 않을까?

우리 집 실내의 기후조건은 바깥 날씨와는 아주 달랐다. 기름난로가 실내 공기를 따뜻하고 건조하게 유지했다. 유리용기 안에 있는 어린 달팽이는 구멍을 파고 겨울잠을 자기는 커녕 벌써 몇 주 동안 계속해서 여름잠을 잤다. 어린 달팽이는 속이 빈 자작나무 가지 속으로 몸을 숨기거나 고사리 잎사귀 뒷면에 거꾸로 매달려 있곤 했다. 그러다 잠에서 깨면 버섯과 흙을 먹고 물을 마시고 홍합 껍데기 속을 갉아먹으며 단백질을 보충했다. 배불리 먹고 난 뒤에는 움푹 파인 어두컴컴한 자작나무 가지 속으로 가거나 양치식물 잎사귀로 다시 기어올라가 여름잠을 잤다.

달팽이와 관련해서 거리와 시간 대비 속도의 역설이 내 호기심을 자극하기 시작했다. 우리 집 달팽이의 생명주기는 느린 이동속도에 걸맞지 않게 매우 빨랐다. 사람은 일흔 살이 되면 기껏해야 3세대를 구성하는 데 비해 달팽이는 일흔 살이 되면 70세대를 생산할 수 있다. 달팽이는 비록 물리적인 세계에서 인간보다 훨씬 더 느리게 이동하지만 진화라는 차원에서 보면 인간보다 훨씬 더 빠르다.

달팽이의 빠른 생명주기는 나 자신이 속한 인간세계의 역설적 현상도 생각나게 했다. 기술이나 통신과 같은 인간사회의 어떤 측면들은 끊임없이 속도를 높이지만 보건의료 같은 부문의 발전속도는 오히려 달팽이의 걸음걸이보다도 훨씬 더 느렸다. 진료예약을 하고 검사를 받고 또다시 진료예약을 하고 새로 치료받기를 여러 달 반복하는 동안에도 내가 기르던 어미 달팽이는 알을 낳아서 부화하고 다시 고향 숲으로 돌아갔다. 그러고는 늦가을이 되자 겨울잠에 들어갔다.

겨울 몇 달이 지나고 내가 달팽이를 관찰하는 방식도 바뀌었다. 지난봄, 내가 거의 아무것도 할 수 없을 때는 달팽이와 시간을 보내는 것이 즐거움의 전부였다. 그러나 이제 몸을 조금씩 움직일 수 있게 되면서 달팽이를 지켜보는 일이 인내심을 요구하기 시작했다. 나는 과연 얼마만큼 몸이 회복되어야 달팽이의 세계에서 마음이 떠날까.

맨 처음 내게 온 달팽이는 내 마음속에 영원히 한자리를 차지하고 있었다. 나는 그 달팽이의 새끼도 좋아했지만 그 녀석은 대개 여름잠에 취해 있었다. 그래서 종종 관심이 다른 것들로 향하기도 했다. 친구들이 방문하면 그들은 브랜디를 데리고 밖으로 나가 숲으로 난 오솔길을 한바탕 달리곤 했다. 창문을 통해서 브랜디가 펄쩍펄쩍 뛰면서 여기저기 눈더미 사이를 휘젓고 다니는 모습을 지켜보았다. 브랜디는 정말 기쁜 나머지 깊숙이 쌓인 눈더미 속에 코를 처박기도 하고 등을 얼음판 위에 대고 뒹굴기도 하며 황홀경에 빠진 듯 겨울 하늘을 향해 발을 치켜들고 이리저리 흔들어댔다.

 이웃들은 자주 집에 들러서 최근에 일어난 동네 소식을 전해주었다. 암소 한 마리를 잃어버렸다가 마침내 숲 속에서 어슬렁거리는 것을 마을 사람들이 발견했다는 둥, 크로스컨트리 스키를 즐기던 사람들이 2월 말 오후 갑자기 날씨가 따뜻해지자 스키타기를 멈추고 속옷을 벗어던지고는 잎사귀가 다 떨어진 덩굴로 덮인 큰 바윗돌 위에 기어올라가 일광욕을 했는데, 며칠 지난 뒤 온몸이 가려워 어쩔 줄 몰라 알고 보니 한겨울에 보기 드문 덩굴옻나무의 덩굴이었더라는 둥 온갖 재미난 이야기를 들려줬다. 그 가운데는 내가 멀리 떨어져 있는 동안 듣고 싶었던 그리운 이야기들도 많았다. 이를테면 어느 봄날 한 이웃집 개가 야생 칠면조 알을 조심스럽게 입에 물고 집에 왔다는 이야기가 그런 것이다.

 질병이 지나가는 길은 이리저리 꼬이고 빙빙 도는 길인데 대개 어느 순간 갑자기 되돌아오기도 했다. 나는 가까운 친구들과 이웃들에게 진심으로 고마움을 느꼈다. 하지만 사이가 그다지 가깝지 않았던 사람들—친근한 듯하면서도 멀게 느껴지는 그런 사람들, 모든 것을 활기차게 만드는 새로 온

재미난 사람들—도 그리웠다. 병이 도질 때마다 병세가 다시 원점으로 돌아올까 움츠러들기 마련이다. 여러 해 동안 병세가 오락가락하고 회복이 늦어질 때마다 한때 내가 알았던 삶에서 기억하고 있는 것과 똑같은 건 하나도 없다는 사실을 알고 나서 깨달은 것은 내가 없어도 세상은 계속해서 변한다는 사실이었다.

눈더미가 녹아내리면서 대기는 벌써 봄이 오고 있음을 알리고 있었다.

어린 달팽이는 여전히 양치식물 이파리 위에서 여름잠을 자고 있었다. 잠에서 깨면 배가 고플 것 같아 유리용기 안에 신선한 버섯 한 조각을 넣어주었다. 어린 달팽이가 세상에서 처음 맞는 봄을 어떻게 느끼고 맞이할지 궁금했다. 창문들을 활짝 열어젖히고 비록 집에서 얼마 떨어져 있지는 않았지만 바깥으로 나가고 싶은 마음이 간절했다. 나는 담당의사들 가운데 한 명에게 편지를 썼다.

지난해는 정말로 무엇이 이 험난한 길에서 나를 구해낼지 전혀 예측할 수 없었습니다. 그런데 숲달팽이와 그 녀석이 낳은 새끼 달팽이가 문득 제 앞에 나타났습니다. 솔직히 말해서 그 녀석들이 아니었으면 버텨내지 못했을 거라고 생각합니다. 나와 다른 생명체를 관찰하는 것은 그것의 삶을 돌아보는 일입니다……. 어쨌든 그것은 관찰자인 내게도 살아야 할 목적을 주었습니다. 달팽이에게 삶이 중요하고 내가 달팽이를 중요하게 생각한다면 그것은 내 삶에서 꼭 간직해야 할 중요한 존재라는 것을 의미합니다…….

달팽이는 전 세계에서 벌어지고 있는 많은 전쟁들이나 인간이 만들어낸 수많은 문제들과 비교할 때 아주 작고 심지어 하찮은 존재처럼 보일 수도 있습니다. 하지만 실제로 그들은 우리 인간들보다 훨씬 더 잘 살고 있는지도 모릅니다.

봄비

> 떨어지는 이 빗속에서
> 달팽이
> 너는 어디로 가니?
> ─ 고바야시 이사

차가운 첫 봄비가 내렸다. 몇 주가 지나고 날씨가 따뜻해지자 봄을 알리는 새들의 지저귐과 숲개구리들의 울음소리가 밤의 고요를 깨뜨리기 시작했다. 습도가 올라가면 어린 달팽이는 잠에서 깨어 양치식물 이파리에서 슬금슬금 내려와 활동을 재개했다. 어린 달팽이는 곧 어른이 될 테고 그러면 이제 자기 영토를 만들고 짝을 찾을 수 있도록 야생으로 돌려보내져야 할 것이다. 봄비는 달팽이들에게 신선한 양식을 풍족하게 제공하면서 달팽이가 살아남을 최적의 조건을 마련하여 새로운 삶을 시작할 수 있게 했다. 달팽이와 헤어지는 것은 정말 힘든 일이 되리라.

나는 의사에게 또 한 번 편지를 썼다.

오늘 또 비가 내렸습니다. 병에 안 걸렸다면 지금 무슨 일을 하고 싶을까 생각하면서 하루 종일 침대 맡에서 창밖을 내다보고 있었습니다. 아마도 장화를 신고 비옷을 걸친 채 모종삽을 들고서 주변에 있는 꽃과 나무들을 옮겨 심었을 겁니다. 어느 봄날인가 비가 내릴 때 꽃이 활짝 핀 튤립을 모두 캐서 알뿌리가 매달려 있는 60센티미터쯤 되는 줄기를 잡고 뜰 이곳저곳을 두리번거렸습니다. 튤립 꽃은 그리스 신화에 나오는 키클롭스처럼 외눈을 커다랗게 뜨고 저를 응시하고 있었습니다. 저는 그 꽃들을 색깔에 따라 다시 심을 곳을 정했습니다. 만일 선생님이 비를 맞으며 초목들을 옮겨 심는다면 그 초목들은 옮겨 심어진 것도 모른 채 그냥 잘 자랄 겁니다. 오늘은 달팽이를 풀어주기에 아주 좋은 날입니다.

유리용기 안에서 부화하고 자란 어린 달팽이는 그동안 가장 좋은 포토벨로버섯을 먹고 파란 홍합 껍데기에 담긴 신선한 물을 마셨다. 그리고 숲 속이라면 벌써 꼭 부딪쳤을 어떤 난관도 전혀 만난 적이 없었다. 이제부터는 혼자 힘으로 영리하게 살아남아야 할 것이다. 나는 어린 달팽이가 새로운 환경에 잘 적응하기를 바랐다. 흥미롭고도 맛있는 것이 많은 곳, 익숙하면서도 매우 의외의 장소를 찾아내 새 둥지를 틀기를 진심으로 바랐다.

이제 나는 이따금 멀리 떨어지지 않은 숲 언저리까지는 조금씩 걸을 수 있었다. 어느 날 저녁, 약하게 내리던 빗줄기가 가랑비로 바뀐 뒤 나는 어린 달팽이를 들고 돌담으로 막힌 한 커다란 활엽수 아래로 갔다. 달팽이를 땅바닥에 살며시 내려놓자 어린 달팽이가 껍데기 밖으로 살짝 나오는 것이 보였다. 달팽이는 땅에 떨어져 죽은 이파리들과 약간 짙은 초록의 이끼, 조그마한 지의식물, 커다란 나무뿌리를 차례로 탐색했다. 땅거미를 따라 미끄러지듯 천천히 기어가더니 이내 어둠 속으로 사라졌다.

어린 달팽이는 이제 생애 처음으로 경계가 없는 세계 속으로 들어갔다. 녀석이 이 뜻밖의 자유를 어떻게 누릴지 궁금했다. 어린 달팽이는 내가 잠을 자는 동안 어디를 어떻게 돌아다닐까? 또 다음 날 아침이면 어디다 몸을 숨기고 잠을 잘까? 끝없이 펼쳐진 광야에서 이제 어떻게 자기만의 영역을 만들어나갈까?

밤별

인간은 고귀하다.
다른 살아 있는 생명체들보다 더 뛰어나서가 아니라
다른 생명체들을 잘 앎으로써
바로 생명에 대해서 더 잘 알게 되기 때문이다.
— 에드워드 O. 윌슨, 『바이오필리아』(1984)

우리 집 뜰은 바야흐로 잠에서 깨어나고 있었다. 나는 기회 있을 때마다 브랜디를 옆에 두고 집 밖에 있는 긴 의자에 누워 있었다. 우리는 거기서 파르스름한 무릇(백합과의 여러해살이 풀로 약간 습기가 있는 곳에서 무성하게 자란다—옮긴이)과 크로커스가 어른거리는 돌능금나무 가지 사이로 햇살이 번져가는 것을 지켜보았다. 또 다년생 화초들이 심어져 있는 화단에 튤립이 모습을 드러낼 때 뾰족한 콧날 같은 잎사귀들이 돋아나오는 것도 보았다. 주마다 꽃을 활짝 피우는 다년생 화초들이 점점 더 많아졌다. 뜰 울타리는 둥지를 짓는 새들로 가득 차기 시작했다. 수천 킬로미터를 날아온 붉은가슴벌

새들은 평소처럼 여름 한철을 보내기 위해 오래된 사과나무에 둥지를 틀었다. 그들은 집 앞에 있는 화단과 집 뒤에 심은 양귀비 밭 사이를 마치 태곳적 서로 다른 종들이 어울려 무도회에서 춤을 추듯 공중을 날아다니며 화려한 색깔을 가진 나비들과 달콤한 과즙을 두고 경쟁하면서 시간을 보냈다.

눈을 감으면 햇살이 온몸을 따스하게 감싸고 바람이 물결치듯 스치고 지나가는 것을 느낄 수 있었다. 또 졸린 듯 윙윙거리는 벌들과 사방에서 들려오는 아주 작고 별난 곤충들의 날갯짓 소리가 귀에 쟁쟁했다. 그 소리들은 이제 내 마음속에서 땅이 내뿜는 건강하고 깊은 생명의 냄새와 뒤섞였다.

봄이 여름으로 바뀌고 여름이 가을로 바뀌더니 어느새 눈이 내렸다. 하지만 어미 달팽이와 그 새끼 달팽이는 아직도 내 가슴속을 떠나지 않았다. 어미 달팽이는 내게 가장 좋은 길동무였다. 녀석은 한 번도 내가 대답할 수 없는 질문을 던진 적이 없었다. 또 내가 할 수 없는 것을 하기를 바란 적도 없었다. 나는 달팽이가 바뀐 환경에 적응하고 잘 견뎌내는 모습을 지켜보았다. 달팽이가 그저 묵묵히 미끄러지듯 기어가는 모습을 지켜보는 것 그 자체가 즐거움이었고 깨달음이었으며 아름다움이었다. 달팽이의 타고난 느린 걸음걸이와 고독한 삶은 아무것도 보이지 않던 어둠의 시간 속에서 헤매던 나를 인간세계를 넘어선 더 큰 세계로 이끌어주었다. 달팽이는 나의 진정한 스승이다. 그 아주 작은 존재가 내 삶을 지탱해주었다.

어느 늦은 겨울밤, 일기에 이렇게 썼다.

하늘의 별들을 마지막으로 한 번 더 보고 잠자리에 든다. 나만의 속도로 할 수 있는 많은 것들. 달팽이를 절대로 잊어서는 안 돼. 녀석을 언제고 마음속에 담아둘 테야.

The Sound of a Wild Snail Eating

에필로그

아마도 그러면 먼 어느 날, 당신도 모르는 사이에 천천히
그 해답으로 가는 길을 따라가며 살고 있음을 알게 될 것입니다.
— 라이너 마리아 릴케, 1903, 『젊은 시인에게 보내는 편지』(1927)에서

내가 달팽이를 관찰한 것은 20년 가까운 투병생활 가운데 고작 1년밖에 안 된다. 그 관찰기록들은 나중에 읽은 과학서적에서 얻은 지식들과 함께 적절하게 뒤섞였다. 이 책을 쓰기 위해 여러 자료를 찾고 천천히 글을 써나가는 과정은 이 책의 주인공이 보여준 느린 걸음걸이와 딱 맞아떨어졌다. 또한 둘 다 야행성이었다는 사실도 일치했다. 나는 다시 한번 달팽이를 따라가면서 녀석의 삶에 깊이 빠져들었다.

달팽이를 관찰하며 지내는 동안 사실 나는 내 작은 길동무에 대해서도 모르는 것이 많았다. 내 병에 대해서 모르는 것이 많았던 것처럼. 무엇보다 그 달팽이의 종이 무엇인지도

몰랐다. 그 문제를 푸는 데는 연체동물을 연구하는 여러 학자들의 도움과 수고가 있었다. 물론 내 인생을 영원히 바꿔버린 병원균의 실체를 밝히는 일은 그것보다 훨씬 더 어려운 일이었지만. 그래도 나는 그것이 무엇인지 끝까지 추적했다. 나 자신뿐 아니라 모든 생물 종의 미래는 누구도 알지 못한다.

달팽이 종

달팽이와 그 새끼는 야생 동물이었다. 그들은 복족류가 5억 년에 걸쳐 진화한 결과물이었다. 나는 그 유서 깊은 혈통의 연장선에서 그들이 차지하는 위치가 어딘지 알고 싶었다.

존 버치가 쓴 『동부지역 육상달팽이 식별법』 *How to Know the Eastern Land Snails*을 읽고 우리 달팽이가 유폐류아강有肺類亞綱에 속한다는 것을 알았다. 유폐류 달팽이는 허파가 하나 있고 겨울잠을 자기 위해 임시로 동개를 만든다. 어떤 종의 달팽이는 발에 아가미 뚜껑이 달려 있어서 몸을 껍데기 안으로 집어넣을 때마다 뚜껑으로 입구를 닫기도 한다.

지구상에서 유폐류아강에 속하는 육상달팽이는 모두 60개과科 2만 종種이 넘는다. 더 조사한 결과, 우리 달팽이는 병안목柄眼目(더듬이 끝에 눈이 달려 있고 대개 육상에 산다) 폴리지리데polygyridae과(껍데기 입구가 구부러져 있고 몸이 크다)에 속했다.

어떤 속屬과 종에 속하는지는 아직 파악하지 못했다. 내가 미처 확보하지 못한 정보를 기반으로 하여 최종 판단을 내리기 위해서는 전문가의 도움이 필요했다. 이를테면 달팽이집 바로 안쪽에 '혹처럼 생긴 이빨'이 있는지 없는지는 살아 있는 달팽이 내부를 한 번도 본 적이 없는 나로서는 알 수 없는 일이었다.

나는 카네기 자연사박물관에서 연체동물 연구를 담당하는 대표 연구원이며 부관장인 팀 피어스와 애팔래치아 생태 보존Appalachian Conservation Biology이라는 환경 관련 자문 회사 소속 생물학자 켄 하토프에게 자문을 요청했다. 팀과 켄은 여러 차례 이메일을 통해서 내가 보낸 사진들을 보고 자신들이 확인할 수 있는 내용들을 자세하게 검토했다. 그들은 달팽이집 내부의 깊이, 나선의 수, 심지어 더듬이 끝에 달린 눈 속의 가느다란 낱알들의 색깔까지 자세히 살폈다. 마침내 우리 달팽이의 속과 종이 무엇인지 밝혀졌다. '네오헬릭스 알보라브리스' *Neohelix albolabris*. '네오'는 새롭다는 뜻이고 '헬릭스'는 나선형이라는 뜻이다. 그리고 '알보라브리스'는 흰 입술을 뜻한다.

보통은 '흰입술숲달팽이'라고 부르는데 원산지가 북아메리카인 이 달팽이들은 남쪽으로는 조지아 주, 북쪽으로는 온타리오와 퀘벡 주, 그리고 서쪽으로는 미시시피 주까지 습기가 많은 숲 속에서 서식한다.

보이지 않는 경계

지구에는 수백만 종의 병원균들이 산다. 그 가운데 수천 종이 인간을 숙주로 삼는다. 내가 걸린 병원균은 그 나름으로 작가였다. 그 병원균은 내 몸에 있는 모든 세포들에게 자신의 명령에 따라 움직일 것을 지시하는 지령문을 재작성해서 하달했다. 따라서 내 삶은 다시 쓰였고 내 꿈은 모두 무산되고 말았다.

내 병은 처음에 감기 증상으로 시작해서 골격근 마비로 발전했다. 몇 주 지나지 않아서 그것은 생명을 위협하는 전신

마비 증상으로 돌변했다. 3년 동안 천천히 부분적으로 병세가 호전되기는 했지만 갑자기 병세가 위중해졌다가 다시 회복되고 하는 상황이 끊임없이 되풀이되었다. 게다가 특수 전문 검사를 받고 나서 자율신경계 기능장애 혹은 자율신경실조증이라는 병에 걸리기까지 했다. 그것은 또한 순환계와 위장 계통이 마비되는 상황을 초래할 수도 있었다.

자율신경실조증에 걸리면 똑바로 서거나 앉지를 못한다. 혈관이 중력장에 재적응해서 혈액순환을 지속할 수 없기 때문이다. '기립성 조절장애'로 나타나는 증상 가운데 하나가 졸도다. 앉았다 일어날 때 갑자기 어지러움을 느끼고 쓰러질 수도 있다. 또 다른 증상은 나와 같은 경우다. 몸을 똑바로 세우면 혈압을 고르게 유지하지 못하기 때문에 몸이 점점 더 약해진다. 우주비행사들도 지구의 중력장에 진입할 때 순간적으로 이와 비슷한 문제를 경험한다. 똑바로 설 수 있는 능력은 동물의 진화 역사를 볼 때 최근에 와서야 비로소 완성된 적응형태다. 하지만 그 능력은 아직도 금방 망가질 수 있는 불완전한 능력이다. 세상을 짓누르는 무게는 그냥 상징적으로가 아니라 실제로 날 완벽하게 속박한다. 나는 이제 일생 동안 영원히 누워서 지낼 수밖에 없다.

나는 또한 근육통성 뇌척수염이라고 알려진 만성피로면역 결핍증에 걸렸다는 진단도 받았다. 이것은 병명만으로 이해하기 힘들지만 평생 혈액량 부족과 자율신경계 장애, 비활성 유전자 생성과 같은 심각한 감염 후 증상을 수반한다.

병에 걸린 지 7년째 되는 해, 이어지는 검사 끝에 마침내 최종 진단이 내려졌다. 내 병명은 후천성 미토콘드리아병이었다. 미토콘드리아는 우리 몸 세포 하나하나에서 '발전소' 구실을 하는 작은 기관이다. 그것들은 골격과 자율신경 근육 조직에 가장 많이 밀집해 있다. 200단계에 이르는 정교한 신진대사 작용을 통해 여러 가지 영양소와 산소를 에너지로 바꾸는 구실을 한다. 우리는 모두 수많은 자기 고유의 돌연변이 유전자들을 가지고 태어난다. 또한 일생 동안 또 다른 돌연변이들을 '후천적으로' 얻기도 한다. 어떤 특별한 병원균 때문에 '발생하는' 특수한 돌연변이는 미토콘드리아 기능 장애를 유발해서 우리 몸이 신진대사를 원활하게 하지 못하도록 방해할 수 있다.

내 경우는 당시에 방문했던 유럽의 작은 마을에 퍼지고 있었던 바이러스가 원인이었을 수 있다. 아니면 어느 날 밤 호텔에서 마셨던 물에 그 병원균이 들어 있었을지도 모른다.

또 어쩌면 돌아오는 비행기에서 내 옆자리의 몸이 안 좋았던 외과의사에게서 옮았을지도 모른다. 하지만 그때는 벌써 나도 낯설고 심각한 병세에 시달리고 있었다. 병에 걸린 지 15년째 되는 해, 나는 진드기매개뇌염에 대해서 알게 되었다. 그것은 웨스트나일 바이러스(우간다 웨스트나일 지역에서 처음 발견되었으며 처음에는 감기 증상을 보이다 심하면 혈관을 타고 뇌염으로 발전하여 죽을 수도 있다. 1990년대 말부터 유럽 일부 지역에서도 발병하기 시작해 미국 여러 주로 퍼졌다―옮긴이)가 속해 있는 플라비바이러스과의 일종이었다. 라임병(발진, 발열, 관절통, 만성피로, 국부마비 증세를 보이는 감염 질환―옮긴이)은 진드기매개뇌염과 함께 감염될 수 있다. 내 경우에 만일 그것을 알았다면 치료가 되었을 것이다. 진드기매개뇌염은 대서양을 건너서 북아메리카 대륙까지 아직 알려지지 않았다. 당시에 나를 맡은 미국 의사들은 그 증상을 알지 못했을 것이다. 그러나 그 기괴한 두 가지 증상의 징후는 최초로 발병했을 때 나타난 현상과 일치했다. 즉, 처음에 감기 증세를 보이더니 몇 주 지나자 전신마비와 같은 근육 약화 현상, 자율신경계 기능 장애, 장기 예후 불량 증상이 뒤따랐다.

마무리

병원균은 태초에 이 지구상에 생명체를 탄생시키고 모든 생물 종들의 등장에 기여한 원시수프에 없어서는 안 되는 필수 성분이었다. 내가 달팽이와 대면하게 된 것도 사실은 바로 병원균 덕분이었다.

병 때문에 언제나 죽음을 생각할 수밖에 없었지만 나는 그동안 내게 가장 중요한 것이 나 자신의 생존이나 내가 속한 종의 생존문제가 아니라 생명 자체가 진화를 멈추지 않는다는 사실임을 깨달았다. 신생대의 마지막 시기인 홀로세(지질시대 신생대 제4기로 현세 또는 충적세라고도 함―옮긴이) 때처럼 갑자기 대멸종 사건이 일어난다면 과연 어떤 종이 이 세상에서 사라질까? 우리가 지금 상상할 수 없는 어떤 새로운 생명체들이 이 세상에 나타날까? 그 옛날에 과연 그 어떤 생명체가 우리 같은 인간이 세상에 나타날 거라고 상상이나 했을까?

지금 우리 인간이 이 지구에서 연체동물과 함께 사는 것은 행운이다. 연체동물이 살아온 시간은 우리 인간이 세상에 나온 것과 비교하면 너무도 긴 역사다. 육상달팽이, 그들은 앞으로도 낮이 되면 지구의 광대한 풍경을 가로질러 자신들이 파놓은 굴속으로 몸을 숨길 테지만 어두워지면 다시 세상 밖으로 나와 밤새도록 느긋하면서도 우아하게 미래를 향해 수백만 년을 미끄러지듯 조용히 기어가면서 그들의 신비스러운 삶을 계속해서 이어나갈 것이다.

감사의 말

책을 쓰는 일은 대개 고독한 작업이다. 하지만 이 특별한 작업은 나를 꽁꽁 감싸고 있던 껍데기 속에서 빠져나오게 했다. 라로쉬가 아니었다면 이 글을 쓰지 않았을 테고 따라서 이 책도 나오지 않았을 것이다. 메이슨과 『미조리 리뷰』의 소머스에게도 큰 빚을 졌는데 두 사람은 내가 생각지도 못한 때에 달팽이 이야기를 책으로 내라고 아이디어를 냈다. 처음에 복족류에 대한 책을 읽으면서 연체동물과 관련된 책에 이렇게 푹 빠질 거라고는 꿈도 꾸지 않았다. 익숙하지 않은 수많은 과학용어들을 사용해서 달팽이 관찰기를 쓸 때, 포터가 보여준 뛰어난 편집 능력, 특히 어느 것을 빼야 할지 과감하고 정확하게 판단하는 통찰력은 정말 값으로 따질 수 없는 소중한 능력이었다. 포터는 내가 수없이 글을 고쳐 써도 전혀 힘들어하지 않고 매번 원고를 읽고 좋은 글이 나오도록 애쓰면서 책 만드는 일을 훌륭하게 주도했다.

오스터브룩과 듀어, 브랜차드에게도 깊은 감사와 존경을 보낸다. 그들은 내가 쓴 글을 한 장 한 장 자세히 읽고 편집하면서 내가 아무 때고 느닷없이 연락을 해도 기분 좋게 받아주었다. 아무 때고 받아줄 수 있는 완벽주의자 성향을 지닌 편집자 친구들을 곁에 둔 작가는 행운이 아닐 수 없다. 밥은 내가 드디어 원고를 끝마쳤다고 생각했을 때 마지막으로 추가로 편집해야 할 것이 있다고 슬쩍 제동을 걸었다. 그것은 나중에 아주 중요한 것이었음이 밝혀졌다. 그때 보여준 밥의 현명한 지적에 고마움을 전한다.

애덤스, 스미스, 레빈, 그래햄, 워렌, 캐민, 피셔, 레스터는 초고를 한 차례 또는 그 이상 많이 읽고 아주 좋은 질문과 생각, 의견을 내서 책이 모양을 갖추고 깊이 있는 이야기로 꾸며지도록 도움을 주었다. 해밀턴, 코번, 밥은 중요한 때에 적절한 충고와 지원을 아끼지 않았다. 맥도웰 콜로니와 버몬트 스튜디오 센터에도 고마움을 드리고 불가능한 꿈을 이루게 해준 툴버그에게 진심으로 감사의 말씀을 전한다.

전생에 복족류였을지도 모를 티모시 피어스는 정말 뛰어난 연체동물학자다. 그는 놀라운 인내심과 사려 깊고 호기심 많은 무한한 지식으로 수많은 질문에 답해주었다. 팀은 내가 복족류 세계로 너무 깊숙이 들어가 집착할 때마다 나를 구해주었다. 또 뉴잉글랜드의 네오헬릭스 알보라브리스 달팽이가 어디에 사는지, 언제 무슨 일을 하는지 정확하게 알고 있는 생물학자 켄 하토프에게도 큰 감사를 드린다. 팀과 켄 같은 학자들에게 달팽이에 대한 자문을 얻었다는 사실은 행운이라고 아니할 수 없다. 그들과 나눈 즐거운 대화와 서신들은 시사하는 바가 크고 놀랍기도 했는데, 덕분에 나는 이 작은 동물들과 그들이 이 세상에서 차지하는 위치를 폭넓게 이해할 수 있었다. 이 책에서 연체동물과 관련해서 잘못된 정보가 나온다면 그것은 전적으로 내 잘못임을 밝힌다.

처음에 초고를 열심히 읽어준 습지생태학자 칼훈, 마음을 사로잡는 조언을 해준 벤실, 전염병에 관해 알려주고 연체동물에 대한 관심을 보여준 스미스 박사, 메인 주 농협대학의 직원들, 내가 사는 지역 도서관에서 많은 도움을 준 친절한 사서들에게도 고마운 마음을 전한다.

또 이 책의 내용을 매우 풍요롭게 해준 19세기 자연박물학자들에게도 큰 빚을 졌다. 그들은 달팽이가 하는 행동 하나하나가 주는 미묘한 차이를 유심히 관찰해서 그것을 오늘날 어떤 과학기술적 언어에도 제한되지 않는 시적 언어로 표현했다.

 글래스맨에게 특별히 감사를 드린다. 그는 우리 달팽이를 처음 발견한 사람으로 그가 없었다면 이 이야기는 나오지도 않았을 것이다. 글을 사랑하고 나눌 줄 아는 슈만과 자연에 대한 사랑을 나누어준 마일스에게도 고마움을 전한다. 외롭지만 평생토록 글을 쓸 수 있었던 것은 모두 웹스터 사전 덕분이다. 캐서린 데이비드, 당신은 내가 나 자신의 말로 글을 쓸 수 있게 도와주었다. 세상에 그것보다 더 큰 선물은 없다.

 내 대리인 엘렌 레빈, 편집자 엘리자베스 샤라트는 아주 작은 생명체의 아주 작은 이야기도 좋아한다. 출판사의 재촉에도 불구하고 그들은 최종 원고가 나올 때까지 끈기 있게 기다렸다. 알로퀸 북스 앤 월크맨 출판사의 훌륭한 직원들, 신중하고 꼼꼼하게 뛰어난 교정·교열 솜씨를 보여준 캐로와 사려 깊게 자문을 해준 리버만, 그 밖에 퍼랜드, 슈만, 브래이, 질레트에게 모두 고마운 마음을 전한다.

 번역에서도 많은 사람이 도움을 주었다. 스미스와 힐은 중국어 번역을 도왔고 매코믹과 스탠시오프는 프랑스어, 헤이스는 라틴어, 애나 부스와 에리카 월치는 이탈리아어, 하디는 와바나키어를 번역해주었다. 라누와 레이치홀드는 이사와 부손이 쓴 일본의 시조 하이쿠에 대한 많은 질문에 정성을 다해 대답해주었다.

내가 아픈 동안에 늘 길동무가 되어 함께 곁에 있어준 모든 사람들에게 진심으로 감사의 말씀을 드린다. 내가 여러분들을 얼마나 고맙게 생각하는지, 그리고 여러분들이 없었다면 이 책은 세상에 나오지도 않았을 거라는 사실을 정말로 알아주기 바란다. 여러분 가운데는 눈에 안 보이는 것들을 이해하고 받아들이는 귀한 능력을 가진 사람들도 있다. 그런 사람들의 지원이 없었다면 지금 나는 살아남지 못했을지도 모른다. 툴버그, 램파터, 스피니, 마리아, 스완, 그리고 진실로 뛰어난 의사 로젠 박사와 벨 박사가 바로 그런 사람들이다.

끝으로 우리 달팽이와 118마리의 새끼 달팽이들을 포함해서 한때나마 나와 함께 삶을 공유했던 모든 생명체들에게 깊은 감사를 드린다.

부록 실내 재배용 유리용기

우리 집에는 일 년 내내 숲에서 자라는 식물들을 기르는 여러 개의 유리용기들이 있다. 당신도 실내에서 직접 식물을 재배하고 싶다면 집에서 쓰던 유리용기나 그릇을 활용하면 된다. 이끼나 양치식물, 지의류, 기타 숲 식물들은 대개 생장 속도가 느리다는 점을 명심해야 한다. 대개 당신 땅이라면 보호종이 아닌 식물들을 일부 캐서 가져오면 된다. 남의 땅에서 자라는 식물이라면 허락을 받아야 한다. 그러나 식물 종류를 잘 모르면 먼저 위험하거나 법으로 보호를 받는 종을 캐지 않기 위해 식물학자의 도움을 받는 게 좋다. 또 숲에서 자라는 식물들을 키우는 데 필요한 재료는 그것을 전문으로 보급하는 원예용품 가게에서 살 수 있다. 유리용기에 살아 있는 동물을 키울 생각이라면 용기 안에서 자라는 식물들을 유기 재배해야 한다.

숲에서 떠온 유기질 흙에는 대개 어떤 동물의 알들이 들어 있다. 따라서 가끔 가다 뜻밖의 새로운 친구가 알을 까고 나와 당신을 놀라게 할 수도 있다.

길을 가다 달팽이를 발견하고서 그냥 거기 살도록 놔두고 관찰한다면 많은 것을 배울 수 있다. 아주 잠시 동안 달팽이를 실내에서 키우고 싶다면 되도록 조용한 곳에서 자연과 가까운 환경을 만들어주고 신선한 물과 달팽이가 즐겨 먹는 먹이를 주도록 한다. 달팽이를 부드럽게 다루고 자꾸 만지지 말아야 한다. 그리고 한 철이 지나기 전에 달팽이를 발견했던 장소로 다시 되돌려 보내는 것이 좋다. 나는 잠시나마 나와 함께했던 달팽이들이 그들의 고향으로 돌아갔을 때 기뻤다. 그들과 함께 있는 것이 좋았지만 야생 동물은 다 자기가 살던 자연으로 돌아가는 것이 가장 좋다고 생각하기 때문이다.

옮긴이의 말

8년 전인가 보다. 어느 날 아침, 갑자기 허리가 끊어질 것처럼 아프더니 몸을 일으킬 수가 없었다. 어찌된 일인지 조금만 뒤척여도 숨이 막힐 것처럼 고통스러웠다. 이루 말할 수 없는 아픔이라더니, 이런 고통을 말하는 것일까. 통증은 점점 아래쪽으로 내려가더니, 전기가 오는 것처럼 왼쪽 다리가 저리기 시작했다. 허리 디스크라고 했다. 병원에서는 수술을 해야 한다고 한다. 수술을 하라고? 40대 초반의 한창 나이에 등뼈에 철심을 박아 넣으라고? 그러다 잘못되면? 주변에서 허리 수술 때문에 잘못된 사람이 얼마나 많은데……. 어떻게 해야 이 엄청난 아픔에서 벗어날 수 있을까? 다시 예전처럼 건강한 모습으로 거리를 활보할 수 있을까? 몸으로 느끼는 통증보다 앞날에 대한 두려움과 절망이 더 고통스러웠다. 다행히 1년 가까이 받은 지압치료 덕분에 건강을 되찾았지만, 그때 겪은 마음의 고통은 정말이지 돌이키고 싶지 않다.

베일리가 오랜 기다림 끝에 떠난 여행길에서 느닷없이 이름 모를 병에 걸려 드러누웠을 때, 그가 느꼈을 황망함을 어찌 말로 다할 수 있을까. 더욱이 20년 가까이 몸을 제대로 가누지도 못하고 누운 채로 지내면서, 병이 언제나 나을지, 아니 나을 수는 있는 건지 아무것도 확실하지 않은 상태에서 지내야 했던 베일리의 고통은 누구도 충분히 공감하기 어려울 것이다. 이렇게 한치 앞도 보이지 않는 삶의 어두운 길목에서 뜻밖에 마주하게 된 달팽이 한 마리가 베일리에게 살아가야 할 의욕을 가져다줄 줄은 또 누가 상상이나 했겠는가. 허망한 삶의 한 모퉁이에 외로이 놓여 있던 베일리가 자기 뜻과는 무관하게 침대 맡으로 옮겨진 달팽이에게서 자신의 모습을 발견한 것은 어쩌면 당연한 일인지도 모른다.

사람은 누구나 자기 처지에 따라 보고 듣고 느끼는 것이 달라지기 마련이다. 기쁠 때는 창틈으로 스며드는 한 줄기

햇살에도 온 세상이 환해지는 것 같고 지붕을 세차게 두드리는 빗소리도 흥겨운 음악소리처럼 들리겠지만, 기분이 울적할 때는 지저귀는 새소리도 구슬프게 들리고 흐르는 물소리는 처량하기 그지없고 스치는 바람소리조차 스산하게만 느껴진다. 몸이 아픈 사람은 마음도 아프기 마련, 아픈 사람 눈에는 아픈 사람들이 갑자기 눈에 띄기 시작한다. 베일리가 숙명처럼 우연히 달팽이와 만나고, 세상에서 고립된 자신의 처지를 달팽이에게서도 발견하면서 이제 혼자가 아니라고 안도하는 것도 충분히 이해할 만하다. 자기 침대 맡에 있는 화분과 유리용기 속에서 생활하는 달팽이를 밤낮으로 바라보면서 생명의 고귀함과 아름다움, 그리고 그동안 잊고 지냈던 삶에 대한 의지를 다시 살려낸 것은 베일리의 생애에서 정말 소중한 기회였다.

베일리는 삶과 죽음의 경계를 극복한 상투적인 인간 승리의 드라마로 이야기를 끌고 나가지 않는다. 자그마한 연체동물 달팽이를 깊이 있게 들여다보며 지구 역사에서 생명체의 진화가 현재의 자신의 삶 속에서 어떤 의미를 가지는지 무심한 듯이 써내려간다. 베일리가 만물의 영장이라는 인간이 어찌 보면 그보다 훨씬 오래전부터 지구 위에서 살아온 달팽이보다 더 못한 존재일지도 모른다고 생각하게 된 것은 자신이 처한 기막힌 현실과 무력감에서 나온 절절한 심정 때문이리라. 눈에 보이지도 않는 자그마한 바이러스가 자신의 생명과 인생을 송두리째 바꾸어놓은 현실, 그렇게 발전했다는 인간의 의료기술이 그깟 바이러스의 침입 하나 감당하지 못한다는, 아니 그 원인이 무엇인지도 밝혀내지 못한다는 사실이 얼마나 기가 막힌 노릇인가. 그에 견주어 달팽이는 맨 몸뚱이만으로도 자신의 몸과 유전자를 보존하려고 온갖 방어기제를 개발해내고 꿋꿋하게 삶을 이어가는 모습을 베일리의 눈앞에서 보여주고 있었으니 말이다.

 베일리의 달팽이 관찰은 어느 날 편지봉투에 뚫린 작은 구멍을 보고 단순한 호기심에서 시작되었지만 달팽이의 식생과 새로운 환경에 대한 적응력, 철저한 자기 보존 능력, 사람을 놀라게 하는 농밀한 사랑과 풍요로운 생식 능력을 보여줌으로써 생명 진화의 장구함과 위대함을 느끼지 않을 수 없게 한다. 작은 달팽이 한 마리로부터 이렇게 큰 깨달음을 얻을 수 있었던 것은 무엇보다도 저자가 그 작은 달팽이와 눈높이를 같이함으로써 가능한 일이었을 것이다. 많은 관련 서적을 탐독하고 전문가의 도움도 받았지만 달팽이를 자신의 분신처럼 생각하며 사랑하지 않았다면 이토록 세밀하게 관찰하기는 어려웠을 것이다.

  무심한 듯 써내려간 달팽이 이야기를 따라가노라면 병마에서 빠져나오고 싶어하는 저자의 간절한 소망이 곳곳에서 드러난다. 책을 번역하면서 가슴 한쪽이 이렇게 아파보기는 처음이다. 비록 베일리의 고통에는 미치지 못하지만 지난날 겪었던 몸과 마음의 깊은 통증이 다시 몰려오는 듯한 착각에 빠지기도 했다. 그토록 고통스러운 시간을 보내면서도 이렇게 담담하게 관찰기록을 써내려간 베일리에게서 생명의 진리를 깨달은 선각자의 모습마저 느낄 수 있었다고 한다면 너무 과장된 말일까. 고통을 깨달음으로 승화시킨 저자에게 저절로 고개가 숙여진다.

2011년 7월

김병순

추천의 말 1
달팽이의 눈을 갖게 될 때까지

1.

이따금 어떤 장르로도 쉽게 분류할 수 없는 책을 만나곤 한다. 또한 단순히 언어로 쓰였다기보다는 저자의 삶이 전적으로 투여된 실존적 기록에 가까운 책들이 있다. 이를테면 헨리 데이비드 소로의 『월든』이나 시몬 베유의 『중력과 은총』, 조에 부스케의 『달몰이』 같은 책들은 문학서라고도 철학서라고도 과학서라고도 단정하기 어렵다. 어느 장르에도 온전히 귀속되지 않으면서 그 모든 특성을 아우르고 있기 때문이다.

『월든』은 헨리 데이비드 소로가 월든 호숫가에 통나무집을 짓고 살았던 기록으로서 자연과 인간에 대한 뛰어난 통찰을 담고 있다. 『중력과 은총』은 시몬 베유가 서른넷의 삶을 마감하기 직전 몇 년 동안 선과 악, 사랑과 구원 등의 주제에 대해 써내려간 단상들을 모은 것이다. 『달몰이』는 조에 부스케가 제1차 세계대전에 참전하여 척추부상을 입고 30년 동안 침대에 누워 지내면서 남긴 자전적 산문이다. 이 책들의 공통점은 세상과 불화하거나 고립된 채 삶의 막다른 지점에서 정신의 놀라운 집중력을 보여주었다는 데 있다. 우리에게 다소 낯선 저자인 엘리자베스 토바 베일리의 『달팽이 안단테』 역시 그 반열에 놓을 수 있다.

이 책의 성격을 어떻게 요약할 수 있을까. 심각한 신경장애를 입고 20여 년을 침대에 누워 지내며 써내려간 에세이 정도로 보자니, 어쩐지 이 책의 구체적 실감과 전문성이 충분히 전달되지 않는 느낌이다. 그렇다고 저자가 우연히 만난 달팽이 한 마리를 관찰하면서 그에 대한 온갖 자료를 섭렵하고 쓴 과학서로 보기에는 이 책이 지닌 존재론적 깊이가 포섭되지 않는 느낌이다. 유려한 문체와 풍부한 감각 덕분에 문학적 향기가 충분하면서도 달팽이에 대한 정밀한 관찰과 방대한 연구는 어지간한 과학서를 넘어선다. 책 뒤에 실린 복족류 관련 책과 논문 목록, 참조한 과학서적 목록만 보아도 저자의 공력을 짐작할 수 있다.

그러니 이 책이 서점의 어떤 코너에 꽂혀 있는 것이 무슨 문제일 것인가. 자신의 불행과 고통을 자양분으로 삼아 다른 존재들을 만나고, 그 만남을 통해 세계에 대한 인식을 확장해나간 이 치유의 기록이 수많은 영혼들을 위로해준다면 그것으로 충분한 것 아닌가. 앞서 말한 『달몰이』에서 조에 부스케는 "불행의 인간이 되어라. 불행의 완성과 섬광을 체현하는 것을 배워라"라고 말한 바 있다. 누구에게나 어디에서나 불행은 시작될 수 있지만, 그 불행을 아름답게 완성하고 빛나는 섬광으로 체현하는 것은 아무에게나 가능한 것은 아니다. 그것은 아주 특별한 영혼들에게만 가능한 일이다.

2.
베일리는 서른네 살이라는 젊은 나이에 유럽 여행을 하다가 미확인 바이러스성 병원체에 감염되어 전신이 마비되는 병을 얻는다. 이유도 알 수 없이 자신에게 닥친 불행을 원망하며 지내던 어느 날, 한 친구가 숲에서 발견한 달팽이 한 마리를 제비꽃 화분과 함께 가져다준다. 처음에는 이 처치 곤란한 생명체를 바라보며 "나와 친구는 도대체 무슨 권리로 달팽이의 삶에 끼어들었단 말인가?"라고 중얼거린다. 하지만 달팽이가 움직이는 모습을 점차 흥미롭게 관찰하게 되고 달팽이가 내는 작은 소리에도 귀를 기울이게 된다.

달팽이는 화분 벽면을 따라 아래로 내려와서는 호기심 어린 모습으로 시든 꽃들을 이리저리 살펴보았다. 그러고는 꽃 한 송이를 먹기 시작했다. 먹는 건지 안 먹는 건지 모르는 속도로 꽃잎 하나가 서서히 사라져갔다. 귀를 바싹 기울였다. 달팽이가 먹는 소리를 들을 수 있었다. 그것은 누군가가 셀러리를 매우 잘게 끊임없이 씹어 먹을 때 나는 아주 작은 소리였다. 나는 달팽이가 보라색 꽃잎 하나를 저녁밥으로 꼼꼼히 다 먹어치우는 한 시간 동안 잠시도 눈을 떼지 않고 지켜보았다.
달팽이가 먹으면서 내는 아주 작고 정겨운 소리는 내게 특별한 동무와 공간을 함께 쓰고 있다는 느낌을 안겨주었다.

이렇게 자신의 삶 속에 소중한 존재로 자리 잡은 달팽이를 위해 베일리는 유리용기 속에 작은 초록 왕국을 마련해주기까지 한다. 그 작은 생태계 속에서 달팽이는 포토벨로버섯을 양껏 먹어치우고, 끊임없이 잠자리를 옮겨 다니고, 풀잎 위를 기어다니고, 정성스럽게 몸을 치장하며 행복하게 지낸다. 달팽이의 작은 움직임 하나하나가 베일리에게 "또 다른 생명체와 이어져 있다는 느낌"을 갖게 해주었다. 한편, 달팽이의 세계와 가까워질수록 그녀는 인간이라는 종種이 얼마나 경박하고 불안정한 존재인지를 깨닫게 되었다. 그렇게 달팽이는 '평화와 은자의 세계'로 그녀를 이끌었다.

이 책의 1부와 2부가 달팽이와의 만남과 관찰의 내용을 담고 있다면, 3부는 오랜 독서와 연구를 바탕으로 달팽이의 생태에 대한 좀더 전문적인 내용을 다루고 있다. 달팽이가 수천 개의 이빨을 가지고 있다는 것, 때로는 육식을 하거나 자기 종을 잡아먹기도 한다는 것, 신축성이 뛰어난 두 쌍의 더듬이 끝에 눈이 달려 있다는 것, 나선형 껍데기가 완벽한 기하학적 비율과 원리에 따라 만들어진다는 것, 신체 부위에 따라 자기만의 다양한 점액을 만들어낸다는 것, 종에 따라 5,000개에서 10만 개에 이르는 거대 신경세포를 가지고 있다는 것 등에 대해 저자는 다양한 출처를 인용하며 설명해나간다.

4부에서는 달팽이를 통해 생명체에 대한 객관적 인식에 도달하는 과정을 보여주고 있다. "지금부터 35억 년 전, 지구 위에 생명체가 나타나기 시작했을 때, 달팽이와 내 조상은 같았다"라든지 "달팽이와 벌레들은 토양을 비옥하게 만들고 청록조류는 산소를 만들어낸다. 그것에 비해서 포유류는 상대적으로 불필요한 존재인 것처럼 보인다"라는 대목을 보면, 만물의 영장으로 알려진 호모 사피엔스가 오히려 작은 벌레들보다 열등할 수 있다는 생각을 하게 되기도 한다. 저자는 달팽이의 지능을 존중하고, 그들의 이동방식과 소통방식을 지켜보며 경탄을 아끼지 않는다. 또한 부적절한 환경을 만나면 스스로를 보호하기 위해 여름잠과 겨울잠을 자는 것을 달팽이가 진화를 통해 획득한 훌륭한 특성이라고 말한다.

달팽이와의 동질감은 비슷한 처지에 놓여 있는 다른 인간들을 향해 확장되기도 한다. 베일리는 스스로 문을 열고 나갈 수 없었지만, 침대에만 의존하고 있는 것이 자신만의 고통이 아님을 깨닫게 된다. 달팽이라는 생명체에 대한 발견이 인간에 대한 다음과 같은 연대감에 이르게 한 것이다.

> 내 침대는 황량한 바다와도 같은 방 안에 외롭게 떠 있는 섬이었다. 그러나 나 말고도 전 세계 여기저기 흩어져 있는 수많은 시골 마을과 도시에는 다치고 병들어 집 안에만 틀어박혀 있

는 사람들이 많이 있다. 우리는 모두 서로 볼 수는 없지만 하나의 공동체였다. 나는 비록 여기 침대에 누워 있지만 그들 모두와 연결되어 있음을 느꼈다. 우리도 또한 은자들의 공동체였다.

5부는 달팽이의 사랑과 생명의 신비에 관한 내용을 담고 있다. 오래전 〈마이크로코스모스〉라는 다큐멘터리 영화를 본 적이 있는데, 초원에서 달팽이 두 마리가 애무하는 장면은 정말 관능적이었다. 이 책에서도 암수한몸이지만 상당히 긴 시간 동안 정성스럽게 짝을 찾는 과정이 생생하게 묘사되어 있다. 서로 뿔을 접촉한 뒤에 상대방의 옆구리에 사랑의 화살〔戀矢〕을 찌르고 몸을 휘감는 모습은 사랑이 인간의 전유물이 아니라는 사실을 깨닫게 한다.

베일리의 달팽이는 수많은 알들을 낳았다. 몇 주가 지나자 새끼 달팽이가 부화되기 시작하고, 그 숫자가 점점 늘어나 마침내 118마리에 이르렀다. 베일리는 친구들에게 몇 마리를 분양한 뒤 어미 달팽이와 새끼 달팽이 한 마리만 남기고 나머지는 모두 야생의 숲으로 돌려보냈다. 이런 과정 속에서 그녀는 아주 조금씩 건강을 회복해갔다. 그리하여 작은 아파트에 갇혀 치료를 받던 그녀는 마침내 애완견 브랜디와 함께 자신의 집으로 돌아갈 수 있었다. 모든 생물에게 생존을 위한 최적의 장소가 있듯이, 숲 속의 집이야말로 그녀에게는 일상의 즐거움을 되찾고 병을 이겨낼 수 있는 최고의 환경이었다.

어미 달팽이를 숲으로 돌려보내며 베일리는 어미 달팽이가 수많은 난관과 예측할 수 없는 기후에도 무사히 살아남기를 기원했다. 그것은 자기 자신을 향한 기원이기도 했다. 이처럼 마지막 6부는 귀환과 회복의 과정을 그리고 있다. 인간 세계에서 아무리 사소하게 보인다 할지라도 달팽이는 자신에게 살아야 할 목적을 주었고 누구보다도 멋지게 살아가는 모습을 보여주었다. 그런 점에서 달팽이는 그녀가 간직해야 할 가장 소중한 존재라고 할 수 있다.

봄비 내리는 어느 날, 베일리는 숲으로 걸어가 남은 새끼 달팽이마저 자연으로 돌려보냈다. 하지만 시간이 지나도 어미 달팽이와 새끼 달팽이는 그녀의 마음속에 내내 남아 있을 것이다. 그녀는 달팽이와 함께 보낸 1년의 시간을 돌아보며 이렇게 고백한다.

달팽이의 타고난 느린 걸음걸이와 고독한 삶은 아무것도 보이지 않던 어둠의 시간 속에서 헤매던 나를 인간세계를 넘어선 더 큰 세계로 이끌어주었다. 달팽이는 나의 진정한 스승이다. 그 아주 작은 존재가 내 삶을 지탱해주었다.

3.
이 글을 쓰기 위해 교정지를 읽는 동안 공교롭게도 나는 우리 집 현관에 놓아둔 화분에서 민달팽이 한 마리를 발견했다. 화초들의 잎이 매일 조금씩 너덜거리며 줄어들어가는 것이 이상하다는 생각이 들었다. 어느 날 저녁 나는 그 붉은 잎들을 먹어치우는 존재와 맞닥뜨리게 되었다. 마치 이 책의 베일리와 달팽이가 운명적으로 마주치게 되었던 것처럼.

　화초를 망가뜨리는 주범이 누구인지 알게 된 나는 고민에 빠졌다. 화초를 지키기 위해 민달팽이를 집어서 창밖으로 내던질 것인가, 아니면 남은 화초를 고스란히 민달팽이의 밥으로 내어줄 것인가. 고민 끝에 나는 달팽이의 삶을 지속시켜주는 쪽으로 마음먹었다. 만일 이 책을 읽지 않았다면, 나의 선택은 달라질 수도 있었으리라.

　낮에는 이파리 뒤편이나 흙 속에 숨어 있는지 달팽이가 눈에 띄지 않았다. 하지만 밤에는 조용하지만 왕성하게 잎을 먹어치우는 모습이나 화분 테두리를 배회하는 모습을 물끄러미 지켜보곤 했다. 손가락 한 마디 남짓한 민달팽이는 어느새 내 삶 속으로 들어와버린 것이다. 민달팽이의 식욕은 생각보다 왕성했다. 이 글을 완성할 무렵 화분의 붉은 잎들은 거의 남아 있지 않게 되었으니까.

또한 이 책을 읽는 동안 나는 암 투병 중인 선배가 입원해 있는 병원에 다녀오곤 했다. 그녀의 몸에는 이미 암세포가 퍼질 대로 퍼져 남은 시간이 얼마 되지 않는다는 선고를 받은 상태였다. 그녀에게는 이제 건강의 회복보다도 자신의 삶을 정리하고 죽음을 맞을 준비가 더 절실하게 필요했다. 인간세상 또는 삶 너머를 생각할 수 있는 힘이 필요했다. 달팽이 한 마리를 통해 베일리가 자신의 질병과 화해하고 생명의 세계를 발견했던 것처럼.

나는 이 교정지를 가방에 넣고 가서 침대 맡에 앉아 인상적인 대목들을 골라 읽어주었다. 그녀는 통증 속에서도 때로는 눈을 감고, 때로는 창밖으로 조용히 시선을 던지며 책 읽는 소리에 귀를 기울였다. 그러고 나면 그녀의 표정이 한결 평화로워지는 것 같았다. 하루는 자신이 살던 농가의 벽지를 먹어치우며 달팽이들이 쏟아져 나오던 일과 아침에 일어나

빗물 고인 마당 위로 희뿌옇게 달팽이가 기어간 길을 바라보던 기억을 들려주기도 했다. 사실 그녀의 삶 역시 달팽이처럼 아주 고요하고 나지막한 것이었다. 그 아름다운 은자隱者의 삶이 끝나가는 자리에 이 책이 함께 해주었다는 것이 너무도 고맙다.

질병은 사람을 고립시킨다. 고립된 사람은 남의 눈에 띄지 않는다. 보이지 않게 되면 자연스럽게 잊히기 마련이다. 그러나 그 달팽이…… 우리 달팽이는 내 영혼이 증발하는 것을 막아주었다. 우리 둘은 온전히 하나의 사회를 이루었다. 그것은 우리가 서로 고립감에 빠지지 않게 도와주었다.

베일리가 질병과 고독 속에서 달팽이를 발견했던 것처럼, 나에게는 아픈 선배를 찾아가 얘기를 나누고 책을 읽어주는 것이 영혼의 증발을 막아주는 안간힘 같은 것이었다. 그녀의 몸이 머지않은 날에 세상에서 사라진다고 해도 우리가 잠시 이루었던 사랑의 공동체는 둘의 마음속에 오래 남아 있을 것이다.

『달팽이 안단테』와 관련된 이 두 가지 경험은 이 책의 내용과 함께 내 삶 속에 깊이 각인되었다. 육화된 독서란 이런 것을 말하는 것일까. 내가 얼마쯤은 달팽이가 된 것 같고, 오래 누워서 앓아온 사람의 통증을 조금은 이해할 수 있을 것 같기도 하다. 이처럼 우리가 다른 존재를 이해하기 위해서는 그 존재의 고유한 눈높이를 지녀야 한다. 이 책은 인간 중심적인 시선을 잠시 내려놓고 달팽이의 눈높이를 가져보라고 권유하고 있다.

내가 아는 다큐멘터리 사진작가는 몇 년 동안 개미 사진만 찍었다. 개미들을 찍기 위해 수많은 시간을 땅 위에서 기어 다니다시피 지냈더니 마침내 개미의 눈높이를 가지게 되었다는 말을 들었다. 마이크로코스모스, 그 작은 세계 속에 얼마나 거대한 생명이 살아 숨 쉬고 있는지! 20여 년의 시간, 그 고독한 질병의 왕국 속에서 얼마나 환한 희망이 싹트고 있는지! 자신의 눈높이를 조금만 낮출 수 있다면, 이 책의 사방에 찍혀 있는 달팽이 자국과 달팽이가 꽃잎을 먹어치우는 소리를 생생하게 보고 들을 수 있을 것이다.

2011년 7월

나희덕(시인, 조선대 교수)

추천의 말 2
고독과 고통이 준 선물

자고로 '달팽이' 하면 녀석들이 살가워 어쩐지 정감이 가서 기꺼이 만져보고 거머쥐고 싶고, 또 키워보고 싶은 마음이 저절로 인다. 달팽이는 무엇보다 둥그스름하고, 행동이 굼뜬 느림보라는 것이 특징이다. 생김새가 모가 나지 않으며, 눈을 부라리고 잡아먹을 듯이 달려들지 않으니 자연히 정답고 마음이 이끌린다. 사실 필자는 그 많은 생물 중에서 보잘것없는 연체동물軟體動物을 전공하는 사람이고, 때문에 별명이 '달팽이 박사' Dr. snail다. 이것 하나만 봐도 생물학에도 얼마나 많고, 넓은 분야가 있는지를 느낄 수 있다. 즉, 커다란 나무에 수많은 가지가 있으며, 그 작은 가지 하나하나에 전공하는 학자들이 수북이 대롱대롱 매달려 있다고 생각하면 된다.

여러분도 '달팽이'라는 이름에 관심이 갈 것이다. 왜 그런 이름을 갖게 되었을까 하는 의문 말이다. 흔히 생물 이름은 그것의 외형(꼴)에서 따온다. '달팽이'라는 말은 아마도 밤하늘에 비치는 '달(月)'처럼 둥그스름하고, 얼음에 지치는 팽글팽글 돌아가는 '팽이'를 닮았다고 붙여진 이름이리라. 곧이곧대로 들어 넘겨도 좋다. 옛날 사람들은 달팽이를 '와우'蝸牛라고 했는데, '와'는 달팽이, '우'는 소라는 뜻으로 역시 행동이 소처럼 느릿하고 굼뜨다는 의미가 들었다. 우보호시牛步虎視, 뚜벅뚜벅 느린 소걸음을 걸어도 눈에는 형형炯炯한 눈빛이 나는 범을 닮아야 한다. 느리면서도 꾸준한 달팽이를 닮아보는 것도 좋으리라. 그래서 "달팽이가 바다를 건넌다"고 하지 않는가.

위의 토막글은 필자가 쓴 30여 권의 책 중에서 『달과 팽이』라는 책에 나오는 내용이다. 이 책은 달팽이만을 다룬 것이 아니라 바다에 사는 고둥과 조개 열댓 종을 붙잡고 쓴 생물수필이다. 미리 말하지만 필자는 우리나라 연체동물을 전공하여 『대한민국동식물도감』(32권, 연체동물 편), 『원색한국산패류도감』 등을 낸 바 있다. 그런데 추천사를 써달라는 부탁과 함께 이 책을 받아 읽으면서 화들짝 놀랐다. 희귀병에 걸려 병과 친구하는 사람이 '육상달팽이'land snail와 1년을 같이 지내면서 그들의 형태, 행동, 발생 따위를 어찌 이렇게 속속들이 알아낸단 말인가!

서른네 살에 떠난 짧은 유럽 여행에서 나는 심각한 신경장애 증상을 유발하는 미확인 바이러스성 또는 세균성 병원체에 감염되어 쓰러지고 말았다. 그전까지만 해도 나는 아주 건강하다고 생각했다. 그러나 그게 아니었다. 비록 몸에 이상이 생겨도 현대의학이 곧 고쳐줄 거라고 믿었다. 하지만 그것도 틀렸다. 큰 병원을 몇 군데 돌아다녔지만 그곳의 전문의들도 그 전염성 질병의 원인을 밝혀내지 못했다. (……)
침대 머리맡 화분에 있는 이 제비꽃은 다른 친구들이 사온 꽃들과는 다르게 신선하고 생명력이 충만했다. 그런 꽃들은 겨우 며칠 지나면 구린 냄새가 나는 꽃병에 탁한 물만 남기고 시들었다. (……)
전날 밤, 나는 편지가 들어 있는 편지봉투 하나를 전기스탠드 옆에 기대어놓았다. 그런데 이상하게도 그 봉투의 발신인 주소란 바로 아래에 네모난 구멍이 조그맣게 뚫려 있었다. 그 구멍이 왜 생겼는지 이해할 수 없었다. 어떻게 한밤중에 봉투에 그런 네모난 구멍이 생겨났을까?

이는 결코 예사로운 관찰이 아니다. 이렇게 두 주인공인 '달팽이와 환자' 간의 끈끈한 인연이 맺어지고 1년 동안이나 끈질기게 이어져간다. 그렇다. 달팽이는 종이의 주성분인 섬유소cellulose를 직접 분해하는 셀룰라제cellulase라는 효소를 가진 특이한 생물이다. 소나 토끼 따위의 초식동물들이 섬유소를 바로 분해하지 못하고 창자에 공생하는 세균들이 섬유소를 분해하는 것과는 아주 다르다.

달팽이 입은 칼같이 날카롭고 혀처럼 생긴 매우 가공할 만한 도구로 무장되어 있다……. 엄청나게 많은 날카로운 작은 이빨들〔로〕……. 이빨이 얼마나 많은지 믿기 어려울 정도다. (……) 나와 함께 있는 달팽이는 이빨이 약 2,640개였다.

달팽이를 전공한 사람 뺨치는 이야기를 하고 있다. 맞다. 보통 초식草食을 하는 달팽이는 '치설'이라고 부르는 특이한 이빨로 먹이를 갉거나 자르고 핥아서 먹는다. 달팽이 머리

부위를 잘라내어 5퍼센트의 수산화칼륨 용액에 넣은 뒤 하룻밤이 지나면 살(肉)은 다 녹아버리고 탄산칼슘이 주성분인 치설만 남아 현미경으로 그것을 관찰한다. 이매패二枚貝인 조개무리를 빼곤 다른 모든 연체동물이 수많은 치설을 갖는다.

나는 학생들에게 늘 '가까이 가서 자세히 살펴보라'고 가르친다. 지극히 외롭거나 더없이 아프다 보면 자기를 만난다고 한다. 미국에서 홀로 방문교수로 있는 동안에 집사람이 가끔 미역이나 오징어 같은 건어물을 부쳐주곤 했다. 한번은 소포를 열어 내용물을 들여다보고 있는데, 아니, 이런! 날파리 한 마리가 짐에서 나와 공중비행을 하는 게 아닌가. 보통 때 같았으면 잡아 죽이기에 바빴을 터인데, 숨죽여 살금살금 그놈을 따라가면서 '죽지 말고 오래오래 살아라, 나와 같이 지내자!' 하면서 나 역시 '눈을 떼지 않고 지켜보았던' 기억이 문득 난다. 이렇듯 외롭게 투병하는 사람이나 고독에 휩싸인 사람은 어느 누구나 저절로 생명을 아끼고 귀히 여기게 되는 것이리라. 두말할 필요 없이 수도하는 스님들이 '불살생'不殺生을 외치는 것도 그 뿌리에는 고독이 스며 있는 것.

달팽이가 포토벨로버섯밖에 먹지 않으니 너무 물릴 것 같았다. 그래서 녀석에게 옥수수 녹말과 가루를 섞어 물로 촉촉하게 개어 주었다. (……) 하지만 그것은 큰 잘못이었다. 달팽이가 과식하여 탈이 난 것이다. (……) 심하게 체해서 고통받고 있는 것이 분명했다. (……)
너무 안쓰러웠다. 녀석이 옥수수 녹말에 체해서 회복되지 않는다면, 너무 이기적인 생각인지도 모르지만, 늘 곁에 함께 있어주는 녀석도 없이 어떻게 나 혼자 이 질병을 이겨낼 수 있단 말인가? 그날 밤은 우리 둘 모두에게 끔찍한 밤이었다. 다시는 자연식이 아니면 어떤 것도 달팽이에게 주지 않으리라 맹세했다.

달팽이야, 네가 아프면 나도 아프단다. 너와 난 불이不二, 둘이 아니고 하나란다! 달팽이를 내 몸처럼 아끼고 돌보는 환자의 저 숭고한 마음을 멀쩡한 사람이 어찌 알겠는가? '달팽이 너마저 없다면 내 어찌 이 병을 이겨낼 수 있겠는가' 하는 독백이 읽는 이의 가슴을 저리게 한다. 정녕 아파보지 않으면 아픔을 알지 못한다. 동병상련同病相憐이라는 말이 절로 떠오르는 대목이다.

달팽이는 껍데기 속으로 들어간 뒤 끈적끈적한 점액으로 된 얇은 막을 껍데기 입구에 친다. 모형 북 가죽처럼 팽팽하고 단단하게 만든다. 날씨가 더 추워지면 몸을 더 안쪽으로 움츠리고 또 다른 '동개'를 만든다. 그렇게 하기를 반복하다 마침내…… 달팽이는 자기 집 가장 깊은 곳에서 몸을 돌돌 말고 아늑하게 잠을 잔다.

달팽이는 아주 더운 여름엔 여름잠(하면)을, 아주 추운 겨울엔 겨울잠(동면)을 자는데, 그때 열과 추위를 차단하는 얇은 막인 '동개'冬蓋(epiphragm)로 입(각구)을 막는다는 이야기다. 고백건대 'epiphragm'이란 말은 우리가 자주 쓰지만 그것이 우리말로 '동개'라고 하는 사실을 여기서 처음 알았다. 이 책을 쓰기 위해 저자는 달팽이 관련 책만 해도 20권(12권짜리 시리즈 포함), 관련 논문 18편, 기타 과학문헌 26권을 읽었고, 저작권을 가진 사람이나 출판사에서 15건의 양해를 얻었다고 한다. 이런 방대한 자료에 덧붙여서 연체동물을 전공하는 여러 사람들의 자문도 받았다고 한다. 한마디로 작가의 노력에 기가 질린다. '달팽이 백과사전'이라 해도 무방할 이 책에서 '달팽이 박사'인 나도 새로운 것을 많이 배운다. 앎의 기쁨이라니! 지식이 풍부한 사람치고 지혜롭지 않은 사람이 없다는 말이 새삼 떠오른다.

그들은 내가 지켜보고 있는 가운데 서로에게 가까이 다가가 마침내 서로 뿔을 맞대었다. 그리고 잠시 멈춰 서서 서로 상대방의 눈을 오랫동안 열띤 모습으로 응시했다……. 〔그리고 나서〕 눈을 의심케 하는 일이 벌어졌다. 두 달팽이가 거의 동시에 옆구리로 미세하고 무튼 흰 침처럼 보이는 것을 서로에게 찌른다……. 이제 두 달팽이의 몸은 서로 단단하게 밀착되어 있었다.

달팽이 중에는 특이한 사랑을 하는 무리가 있다. 여기 관찰대상인 달팽이도 그 무리에 속하는데, 두 마리가 짝짓기를 하기 전에 상대를 흥분시키기 위한 일종의 전희행위前戲行爲(courtship)로 탄산칼슘이 주성분인 '사랑의 화살'이라 부르는 '연시'를 상대방 몸에 찌른다. 보기 어려운 장면을 볼 수 있었던 것! 같이 오래 지내면 이야깃거리가 생긴다고 하던가. 그리고 지렁이나 달팽이 따위는 자웅동체(암수한몸)이면서도 교미를 하여 서로 정자를 교환한다(다른 개체의 정자를 수

정에 쏨). 암술과 수술을 모두 가진 양성화兩性花도 모름지기 제꽃가루받이를 하지 않듯이 말이다. 우리는 이들에게서 우생학優生學이라는 것을 배웠고, 따라서 사람들이 근친결혼을 피하게 됐던 것이다. 저들 동식물이 우리의 선생님이다!

내가 거의 아무것도 할 수 없을 때는 달팽이와 시간을 보내는 것이 즐거움의 전부였다. 그러나 이제 몸을 조금씩 움직일 수 있게 되면서 달팽이를 지켜보는 일이 인내심을 요구하기 시작했다. 나는 과연 얼마만큼 몸이 회복되어야 달팽이의 세계에서 마음이 떠날까. 맨 처음 내게 온 달팽이는 내 마음속에 영원히 한자리를 차지하고 있었다.

달팽이 사랑에 푹 빠진 환자의 마음을 보통 사람들은 알지 못한다. 이 책은 달팽이 이야기와 환자의 삶을 교대로 이어 간다. 결국 이 한 권의 책 속에는 두 권의 책이 든 셈이다. 고독했기에 달팽이를 애인 삼아……, 사랑하는 사람이 있었다면 저렇게 달팽이에 푹 빠지지 않았을 터인데 하는 생각이 든다. 달팽이에 미친 주인공! 불광불급不狂不及이라 하지 않았는가. 미침crazy이 없으면 이룰 수 있는 것이 없다. 어쨌거나 '과학자가 된' 주인공은 달팽이의 행동을 속속들이 파고들고 꼼꼼히 기록하면서 함께 살아가고 있다. 기록하는 버릇을 가져야 성공한다는 것도 독자들은 잘 아는 터이다.

글 중에 "수천 킬로미터를 날아온 붉은가슴벌새들은 평소처럼 여름 한철을 보내기 위해 오래된 사과나무에 둥지를 틀었다"라는 내용이 나온다. '번역은 창조'라고 하지 않는가? 원문도 그렇다고 봐야겠지만, 옮긴이도 너무나 애를 써서 책에 오역이 눈에 띄지 않는다. 일례로 '붉은가슴벌새'도 잘못하면 '붉은 가슴 벌새'로 띄어쓰기 쉬우나 붙여서 잘 썼다. 하나를 보면 열을 안다고 하지 않는가. 우리말 이름은 아무리 길어도 이렇게 붙여 써야 한다. 다른 번역본과는 달리 아주 매끄럽고 부드럽게 술술 읽혀져 참 좋다는 말도 빼서는 안 되겠다.

내가 달팽이를 관찰한 것은 20년 가까운 투병생활 가운데 고작 1년밖에 안 된다. 그 관찰기록들은 나중에 읽은 과학서적에서 얻은 지식들과 함께 적절하게 뒤섞였다. 이 책을 쓰기 위해 여러 자료를 찾고 천천히 글을 써나가는 과정은 이 책의 주인공이 보여준 느린 걸음걸이와 딱 맞아떨어졌다. 또한 둘 다

야행성이었다는 사실도 일치했다. 나는 다시 한번 달팽이를 따라가면서 녀석의 삶에 깊이 빠져들었다.

옳다. 나도 꼭 같이 그렇게 느꼈다. 굼뜨면서 꾸준한 slow and steady 달팽이와 20년을 넘게 투병하는 주인공 당신과 닮았다고 말이다. 읽다 보면 독자들은 어렵잖게 스르르 달팽이를 알게 될 것이고, 또 병마와 싸우는 이의 속마음을 엿보게 될 것이다. 이 책을 읽는 내내 앞으로 나도 이런 글을 써 봤으면 하는 마음이 들었음을 고백한다.

병에 걸린 지 7년째 되는 해, 이어지는 검사 끝에 마침내 최종 진단이 내려졌다. 내 병명은 후천성 미토콘드리아병이었다.

책을 쓰는 일은 대개 고독한 작업이다. 하지만 이 특별한 작업은 나를 꽁꽁 감싸고 있던 껍데기 속에서 빠져나오게 했다.

여기서 불현듯 내가 좋아하는 소설가 최인호 씨 생각이 났다. 그는 두 달간 '고통의 축제 속'에서 젖 먹은 힘을 다해 죽기 살기로 원고지 빈칸을 또박또박 메워가 얼마 전 『낯익은

타인들의 도시』라는 장편소설을 냈다고 하지 않는가. '아마도 이것이 내 생애 마지막 글일 것'이라고 여기며 한 자 한 자 꾹꾹 눌러 써내려간 그 마음과 『달팽이 안단테』의 주인공 마음이 뭐가 다르겠는가? 고독과 고통이 준 선물! 무엇보다 몸이 아팠기에 이 귀한 진주를 캘 수 있었던 것이리라. 오랜 세월 '달팽이에 미쳐 살았던' 나 자신도 '달팽이가 먹는 소리'를 들으면서 마냥 즐거웠다. 내가 먼저 누린 이 즐거움을 더욱 많은 사람들, 특히 자연과 생명의 소중함을 깊이 깨달아야 할 자라나는 세대들, 그리고 몸이나 마음이 아픈 사람들과 나누고 싶은 마음 간절하다.

2011년 7월

권오길('달팽이 박사', 강원대 명예교수)

주요 출처

복족류 관련 책

G. M. 베이커, 『육상 연체동물의 생태』 *The Biology of Terrestrial Molluscs*, CABI Publishing, New York, 2001.

_____, 『육상 연체동물의 천적』 *Natural Enemies of Terrestrial Molluscs*, CABI Publishing, New York, 2004.

존 B. 버치, 『동부지역 육상달팽이 식별법』 *How to Know the Eastern Land Snails*, Wm. C. Brown Company Publisher, Dubuque, Iowa, 1962.

로널드 체이스, 『복족류 연체동물의 행동과 신경 제어』 *Behavior And Its Neural Control in Gastropod Molluscs*, Oxford University Press, New York, 2002.

올리버 골드스미스, 『지구와 살아 있는 자연의 역사』 *A History of the Earth and Animated Nature* 가운데 「나선형 패류 혹은 달팽이류」 Of Turbinated Shell-Fish, or The Snail Kind, Blackie and Son, Glasgow, Edinburgh, and London, 1860.

애드거 앨런 포, 『패류학자의 첫 번째 책』 *The Conchologist's First Book*, Philadelphia: Haswell, Barrington and Haswell, 1839.

앨런 솔렘, 『껍데기 제조자: 연체동물 소개』 *The Shell Makers: Introducing Mollusks*, John Wiley & Sons, New York, 1974.

C. F. 스텀, T. A. 피어스, A. 발데스, 『연체동물: 연구, 수집, 보존 안내서』 *The Mollusks: A Guide to Their Study, Collection, Preservation*, American Malacological Society, Universal Publisher, Boca Raton, Florida, 2006.

칼 M. 윌버, 『연체동물』 *Mollusca*(12권), Academic Press, Harcourt Brace Jovanovich, New York, 1983~1988.

설즈 우드, 『영국 패류학 혹은 오늘날 영국 제도와 근해에 서식하는 연체동물에 대한 설명』 *British Conchology, or An Account of the Mollusca which now inhabit the British Isles and the surrounding Seas* Vol. 5에서 인용, 『바다 패류와 연체동물에서 복족류, 익족류, 두족류에 이르기까지』 *Marine Shells and Naked Mollusca to the End of the Gastropoda, the Pteropoda, and Cephalopoda*, 존 반 부스트, London, 1889.

복족류 관련 논문

조반니 프란체스코 안젤리타, 「인간 생명체의 원형이었음에 틀림없는 달팽이에 관하여」 On the Snail and That it Should Be the Example for Human Life(1607), 『황금 사과』 *I Pomi D'oro*, The Getty Research Institute, Research Library, Special Collection and Visual Resources, Los Angeles, CA.

A. 브리에바, N. 필립스, R. 테헤도르, A. 게레로, J. P. 피벨, J. L. 알론소-레브레로, S. 곤잘레스, 「연체동물 크립톰팔루스 아스페르사 종의

분비물이 지닌 재생력의 분자 성분」Molecular Basis for the Regenerative Properties of a Secretion of the Mollusk *Cryptomphalus aspersa*, 『피부약학과 생리학』 *Skin Pharmacology and Physiology* Vol. 21: 15~22쪽, 2008.

로널드 체이스, 『비교생리학 저널』 *Journal of Comparative Physiology* 148: 225~235쪽, 1982. 「달팽이 더듬이가 주는 교훈」Lessons from Snail Tentacles, 『화학적 감각능력』 *Chemical Senses* Vol. 11, No. 4, 411~426쪽, 1986.

로버트 H. 코위, 브렌든 S. 홀랜드, 「동물분포도는 대륙에서 멀리 떨어진 섬의 생물지리학과 생물다양성 진화 연구에 중요한 자료다」Dispersal is Fundamental to Biogeography and the Evolution of Biodiversity on Oceanic Islands, 『생물지리학 저널』 *Journal of Biogeography*, Vol. 33, 2006.

D. S. 던디, P. H. 필립스, J. D. 뉴섬, 「철새를 따라간 달팽이」Snails on Migratory Birds, 『앵무조개속』 *Nautilis*, 80, No. 3, 89~92쪽, January, 1967.

E. 기텐버거, D. S. J. 그로에넨베르크, B. 콕슌, R. C. 프리스, 「생물지리학: 히치하이킹 달팽이의 분자 추적」Biogeography: Molecular Trails from Hitch-Hiking Snails, 『네이처』 *Nature*, http://www.nature.com, January 25, 2006.

조지 헤드 경, 『현대 로마 유람』 *Tour in Modern Rome*, 「달팽이와 달팽이집」 Snails and Their Houses에서 인용.

어니스트 잉거솔, 「달팽이 사육장에서」In a Snailery, 『알아야 할 친구들: 미국 자연사 보기』 *Friends Worth Knowing: Glimpses of American Natural History*, Harper & Brothers, New York, 1881.

조지 존슨, 『웨스트민스터 리뷰』 *Westminster Review*, Vol. I. 57. January 1852, 「논문 2.—패류: 행동방식과 활동」 Art. II.—Shell Fish: Their Ways and Works.

G. A. 프랭크 나이트, 퍼스셔 자연과학회에서 행한 연설, R. 스탠든 「맨체스터 박물관에 있는 왼쪽으로 감아 올라간 조가비」 Reversed Shells in the Manchester Museum에서 인용. 『패류학저널』 *Journal of Conchology* (1904~1906), 윌리엄 E. 호일 편집.

M. 르메르, R. 체이스, 「달팽이가 후각으로 방향을 찾는 동안 더듬이의 씰룩거림과 떨림」 Twitching and Quivering of the Tentacles During Snail Olfactory Orientation, 『비교생리학 저널 A: 신경생태학, 감각, 신경, 행동생리학』 *Journal of Comparative Physiology A: Neuroethology, Sensory, Neural, and Behavioral Physiology*, Vol. 182, No. 1, December, 1997.

MIT 편집국, 「MIT가 개발한 로봇달팽이의 새로운 동작」 MIT's RoboSnails Model Novel Movements, September 4, 2003, http://web.mit.edu/newsoffice/2003/robosnail.html.

G. R. 닐슨, 「민달팽이와 달팽이」 Slugs and Snails, University of Vermont Extension, Entomology Leaflet 14, 1998.

티모시 A. 피어스, 「실패를 이용한 야생 달팽이의 이동 추적 기술」 Spool and Line Technique for Tracing Field Movements of Terrestrial Sanils, 『워커아나』 Walkerana, 4, No. 12, 1990.

C. 데이비드 롤로, 윌리엄 G. 웰링턴, 「민달팽이들이 싸우는 이유」 Why Slugs Squabble, 『자연사』 *Natural History*, November, 1977.

E. 스탠포드, 『동물학자: 월간 자연사 저널』 *The Zoologist: A Monthly Journal of Natural History* 3집, Vol. 10, by J. E. 하팅, 존 반 부스트, London, 1886에서 인용.

N. 샤헨, K. 파텔, P. 파텔, M. 무어, M. A. 해링턴, 「육식 달팽이는 동종 달팽이와 이종 달팽이를 구별하고 점액에 있는 화학성분을 근거로 먹이를 추적한다」A Predatory Snail Distinguishes between Conspecific and Heterospecific Snails and Trails based on Chemical Cues in Slime, 『동물행동 저널』*Journal of Animal Behavior*, Vol. 70, No. 5, February, 2005.

톰 시모나이트, 「창자에 들어가는 로봇을 위해 개발된 점액 활용 전략」 Slime-riding Strategy Developed for Intestinal Robot, NewScientist.com, September, 2006.

작자 미상, 「달팽이와 달팽이집」Snails and Their Houses, 『일 년 내내』*All The Year Around*, November 10, 1888.

기타 과학문헌

F. 바베로, J. A. 토머스, S. 보넬리, E. 볼레토, K. 쉰로게, 「여왕개미는 나비 사회 기생충이 흉내 내는 특이한 소리를 낸다」Queen Ants Make Distinctive Sounds That are Mimicked by a Butterfly Social Parasite, 『사이언스』 *Science*, Vol. 323, 782쪽, 2009.

렉스 코크로프트, 「뿔매미」Thornbug to Thornbug, 『자연사』*Natural History*, October, 1999.

찰스 다윈, 「연체동물」, 『인간의 유래와 성 선택』*The Descent of Man, and*

Selection in Relation to Sex 9장, Princeton University Press, Princeton, NJ., 1981.

_____, 「대륙에서 멀리 떨어진 섬의 육상 포유류의 부재」Absence of Terrestrial Mammals on Oceanic Islands, 『자연선택에 따른 종의 기원』 *The Origin of Species by Means of Natural Selection*(1859), D. Appleton and Company, New York, 1900.

다윈 서신 프로젝트 데이터베이스, http://www.darwinproject.ac.uk, #1962는 P. H. 고세, #1967은 W. D. 폭스, #2018은 J. D. 후커, #3695는 C. 라이엘에게 보낸 편지.

리처드 도킨스, 『조상 이야기: 진화의 여명으로 떠나는 순례 여행』 *The Ancestor's Tale: A Pilgimage to the Dawn of Evolution*, Mariner Books/Houghton Mifflin Company, New York, 2005.

장 드브리, 『바람: 공기의 흐름은 어떻게 생명과 신화, 땅을 만들었나』 *Wind: How the flow of Air has Shaped Life, Myth and the Land*, Shoemaker & Hoard, an imprint of Avalon Publishing Group, Emeryville, CA., 2006.

데이비드 H. 프리드먼, 「화학물질의 세계에서」In the Realm of the Chemical, 『디스커버』 *Discover*, Gale Group, 223쪽, June, 1993.

아툴 가완디, 「지옥」Hellhole, 인권 연보, 『뉴요커』 *The New Yorker*, March 30, 2009.

티에리 하이드만, 「다윈의 경악」Darwin's Surprise, 과학 연보, 『뉴요커』, December 3, 2007.

T. H. 헉슬리, 「실용생물학의 기초교육과정」A Course of Elementary Instruction in Practical Biology, Macmillan and Co., Limited, London and New York, 1902.

헬렌 켈러, 『내가 사는 세상』 *The World I Live In*, The Century Co., New York, 1908.

스티븐 R. 켈러트, 에드워드 O. 윌슨 공동 편집, 『바이오필리아 가설』 *The Biophilia Hypothesis*, A Shearwater Book/Island Press, Washington DC., 1995.

윌리엄 커비, 「동물의 역사와 습성, 본능에 관하여」 On the History, Habits and Instincts of Animals, 『브리지워터 논문집』 *The Bridgewater Treatises*, 논문집 7, 1837.

샤론 모알렘, 『아파야 산다』 *Survival of the Sickest*, William Morrow, New York, 2007.

플로렌스 나이팅게일, 『간호론』 *Notes on Nursing: What It Is, And What It Is Not*, D. Appleton and Company, New York and London, 1912.

로렌츠 오켄, 『자연철학의 요소』 *Elements of Physiophilosophy*, 알프레드 툴크가 독일어를 영어로 번역, Printed for Ray Society, 1847.

네일 슈빈, 『네 안의 물고기: 35억 년 인간 신체의 역사로 떠나는 여행』 *Your Inner Fish: A Journey into the 3.5-Billion-Year History of the Human Body*, Pantheon Books, a division of Random House, Inc., New York, 2008.

R. C. 슈타이퍼 편집, 「동물의 지적 능력과 본능」 Mental Powers and Instincts of Animals, 『찰스 다윈의 자연선택: 1856~1858년에 쓴 종과 관련된 책 2부』 *Charles Darwin's Natural Selection: Being the Second Part of*

His Big Species Book Written from 1856–1858, Cambridge: Cambridge University Press, 1975.

루이스 P. 비야레알, 「바이러스는 살아 있는가?」Are Viruses Alive?, 『사이언티픽 아메리칸』 *Scientific American*, December, 2004.

_____, 「바이러스는 우리를 인간으로 만들 수 있나?」Can Viruses Make Us Human?, 『미국철학학회 회보』 *Proceedings of the American Philosophical Society*, Vol. 148, No. 3, September, 2004.

_____, 「바이러스라고 부르는 살아 있거나 죽은 화학물질」 The Living and Dead Chemical Called a Virus, http://cvr.bio.uci.edu/downloads/05_villa_livedead.pdf, 2005.

_____, 『바이러스와 생명의 진화』 *Viruses and the Evolution of Life*, ASP Press, Washington D. C., 2004.

칼 폰 프리슈, 『어느 생물학자의 기억』 *A Biologist Remembers*, 리스베스 곰브리치가 영역, Pergamon Press, New York, 1967.

제임스 위어, 『이성의 여명: 하등동물의 정신적 특징』 *The Dawn of Reason: Or, Mental Traits in Lower Animals*, Macmillan & Co., Ltd., London, 1899.

앨런 와이즈먼, 『인간 없는 세계』 *The World Without Us*, Thomas Dunne Books, St. Martin's Press, New York, 2007.

에드워드 O. 윌슨, 『바이오필리아』 *Biophilia*, Harvard University Press, Cambridge, MA., 1984.

칼 짐머, 「반인반균」Part Human, Part Virus, 『디스커버』, Blogs/The Loom, September 15, 2005.

● 저작권

다음에 나오는 작품들에서 일부 내용을 발췌할 수 있게 허락해준 저자와 번역자, 출판사, 저작권 소유자, 기타 여러 사람들에게 감사를 드린다.

에드워드 O. 윌슨, 『바이오필리아』, Cambridge, Mass.: Harvard University Press, 저작권 © 1984 by the President and Fellows of Harvard College의 허락을 받아 11, 12, 22, 106쪽을 복제함. 무단 복제 불허(vii, 17, 141, 159쪽).

라이너 마리아 릴케, 『젊은 시인에게 보내는 편지』, 스티븐 미첼 번역. 저작권 © 1984 by Stephen Mitchell. 랜덤하우스 출판사의 허락을 받아 사용함(1, 31, 163쪽).

고바야시 이사, 데이비드 G. 라누 번역. '고바야시 이사의 하이쿠' 웹사이트에서. http://haikuguy.com/issa/(3, 85, 95, 149, 155쪽).

고바야시 이사, 이사의 하이쿠(「달팽이는 잠에서 깨고/……」)는 『하이쿠의 정수: 바쇼, 부손, 이사의 시조』 *The Essential Haiku: Versions of Basho, Buson & Issa*, 로버트 해스 편집 및 서문, 서문 및 부분 저작권 © 1994 by Robert Hass. 따로 표시가 없으면 모든 번역은 저작권 © 1994 by Robert Hass. 하퍼콜린스 출판사 허락을 받아 복제함(9쪽).

엘리자베스 비숍, 『엘리자베스 비숍 시집』 The Complete Poems 1927-1979, 저작권 ⓒ 1979, 1983 by Alice Helen Methfessel. Farrar, Straus and Giroux, LLC. 허락을 받아 복제함(25, 64, 69쪽).

A. A. 밀른, 『우리가 아주 어렸을 때』 When We Were Very Young의 「네 친구들」에서, 저작권 ⓒ 1924 by E. P. Dutton, 1952년 A. A. 밀른이 갱신함. Dutton Children's Books, a division of Penguin Young Readers Group, a member of Penguin Group (USA) Inc., 345 Hudson Street, New York, NY 10014의 허락을 받아 사용함. 무단 복제 불허(26쪽).

에밀리 디킨슨, 『에밀리 디킨슨 편지』 The Letters of Emily Dickinson, 토머스 H. 존슨 편집, Cambridge, Mass.: The Belknap Press of Harvard University Press, 저작권 ⓒ 1958, 1986, The President and Fellows of Harvard College; 1914, 1924, 1932, 1942 by Martha Dickinson Bianchi; 1952 by Alfred Leete Hampson; 1960 by Mary L. Hampson의 허락을 받아 복제함(37쪽).

빌리 콜린스, 『탄도학』 Ballistics의 「대피」 Evasive Maneuvers, 저작권 ⓒ by Billy Collins. 랜덤하우스 출판사의 허락을 받아 사용함(48쪽).

패트리샤 하이스미스, 『일레븐』 Eleven의 「달팽이 관찰자」와 「블랭크 클래버린지를 찾아서」에서 발췌, 저작권 ⓒ 1945, 1962, 1964, 1965, 1967, 1968, 1969, 1970 by Patricia Highsmith. Grove/Atlantic, Inc.의 허락을 받아 사용함(51, 120, 121쪽).

한스 크리스티안 안데르센, 『전래동화집』의 「달팽이와 장미 덤불」에서, 랜덤하우스 어린이책에서 출판(103쪽).

칼 폰 프리슈, 『어느 생물학자의 기억』 *A Biologist Remembers*, L. 곰브리치 번역, 옥스퍼드, 1967. 처음에 독일어로 발간, 『*Erinnerungen eines Biologen*』, 2판, 1962, 슈프링거 출판사(베를린)(111쪽).

요사 부손, 재닌 베크맨 번역, Cheng & Tsui Company, Inc.의 허락을 받아 『마사오카 시키: 그의 삶과 작품』 *Masaoka Shiki: His Life and Works*(Boston, Mass.: Cheng & Tsui Company, 2002)에서 복제함. 저작권 ⓒ Cheng & Tsui Company, Inc.(113쪽).

제럴드 M. 더렐, 『새, 짐승과 그 일가들』 *Birds, Beasts, and Relatives*에서 발췌. 저작권 ⓒ 1969 by Gerald M. Durrell. 펭귄 그룹 바이킹 펭귄의 허락을 받아 사용함. 캐나다와 영국은 제럴드 더렐 재산권을 대리하여 커티스 브라운 그룹의 허락을 받아 복제함. 저작권 ⓒ Gerald M. Durrell 1969(123, 124, 126, 127쪽).

요사 부손, 마코토 우에다 『꽃이 만발한 가시관목 길』 *The Path of Flowering Thorn*에 나오는 하이쿠 번역, 저작권 ⓒ by the Board Trustees of the Leland Stanford Jr. University. 무단 복제 불허. 스탠포드 대학출판부의 허락을 받아 사용함. www.sup.org(129쪽).

고바야시 이사, 『하이쿠』 *Haiku*에서 번역, 저작권 ⓒ 1949, 1950, 1952 by R. H. Blyth. 호쿠세이도 출판사의 허락을 받아 복제함(143쪽).

달팽이들은 사랑을 나눌 때 절대로 사교적이지 않다.
비록…… 많은 무리가 지켜보더라도 사랑에 빠진 두 달팽이는
발로 서로 상대방의 껍데기를 애무하는 것을 멈추지 않는다.

— 「달팽이와 달팽이집」(1888)

옮긴이 | 김병순

연세대 경영학과를 졸업한 뒤 대기업을 다니다 현재는 전문번역가로 활동하고 있다. 옮긴 책으로는 『생명은 끝이 없는 길을 간다』, 『여우처럼 걸어라』, 『산티아고, 거룩한 바보들의 길』, 『선을 위한 힘』, 『그라민은행 이야기』, 『탐욕의 종말』, 『경제인류학으로 본 세계 무역의 역사』, 『인간의 얼굴을 한 시장경제, 공정무역』, 『사회·법 체계로 본 근대 과학사 강의』, 『월드체인징』(공역), 『다이 트라잉』 등이 있다.

달팽이 안단테

엘리자베스 토바 베일리 지음 | 김병순 옮김

2011년 8월 22일 초판 1쇄 발행
2021년 8월 25일 초판 11쇄 발행

펴낸이 한철희 | 펴낸곳 주식회사 돌베개 | 등록 1979년 8월 25일 제406-2003-000018호
주소 (10881) 경기도 파주시 회동길 77-20 (문발동)
전화 (031) 955-5020 | 팩스 (031) 955-5050
홈페이지 www.dolbegae.co.kr | 전자우편 book@dolbegae.co.kr
블로그 blog.naver.com/imdol79 | 트위터 @dolbegae79

책임편집 소은주 | 편집 김태권·이경아·권영민·이현화·조성웅·김진구·김혜영·최혜리
디자인 기획 오필민 | 표지디자인 오필민 | 일러스트 강태이 | 본문디자인 박정영·이은정
마케팅 심찬식·고운성·조원형 | 제작·관리 윤국중·이수민 | 인쇄·제본 상지사 P&B

ISBN 978-89-7199-442-9 03840
책값은 뒤표지에 있습니다.

이 도서의 국립중앙도서관 출판시도서목록(CIP)은 e-CIP 홈페이지(http://www.nl.go.kr/ecip)와
국가자료공동목록시스템(http://www.nl.go.kr/kolisnet)에서 이용하실 수 있습니다.
(CIP제어번호: CIP2011003131)